KB123076

자녀와 함께하는 메타버스 여행

이미 온 미래, 메타버스

자녀와 함께하는

메타버스 여행

김수환 지음

피톤치드

"우리는 이 세계에서 배운 것을 통해 다음 세계를 선택한다. 우리가 이 세계에서 아무것도 배우지 못하면 다음 세계도 이 세계와 같을 것이고, 똑같은 한계와 극복해야 할 과제가 남을 것이다." 리처드 바크의 소설 <갈매기의 꿈>에 나오는 구절입니다. 우리는 오늘의 세계를 통해 내일의 세계를 엽니다. 이 세계를 통해 저 세계로 넓혀갑니다. 이제 우리 아이들은 또 다른 세계, 무한히 창조되고 확장되는 세계로 발을 디딥니다. 바로 디지털 현실인 메타버스입니다. '나는 메타버스 몰라도 잘 살았다.'라는 말로 외면해서는 안 됩니다. 이 책을 통해 자녀들의 미래에 함께 도착하길 바랍니다.

• 김상균(인지과학자, 경희대학교 교수)

저자는 컴퓨터교육 분야에 있어서 국내 최고 전문가입니다. 게다가 초등학교 교사의 경험이 있는 두 아이의 아빠입니다. 사실 우리는 부모로서 메타버스 사회를 살아갈 우리 아이를 어떻게 도와줘야 할지 막막하기도 합니다. 때로는 그냥 놔둬도 되는지 불안하기도 합니다. 아이들의 평생 가지게 될 태도와 세상에 대한 관점은 부모에게서 많은 영향을 받는다고 합니다. 이 책을 통하여 부모와 아이들이 함께 메타버스 시대를 준비할 수 있게 되길 기대합니다.

• 김현철(고려대학교 컴퓨터학과 교수, 전)한국컴퓨터교육학회장)

메타버스 세계는 부모에게도 자녀에게도 처음 가는 여행지입니다. 아마도 우리 아이들이 부모인 우리보다 더 자연스럽게 여행을 하겠지만, 부모로서 새로운 여행지에서 아이의 성장을 도우려고 교육이란 관점을 유지하는 것이 중요합니다. 저자는 이 책에서 여러 사례로 관점을 찾도록 도울 뿐만 아니라 좋은 가이드로서 아이와 여행을 즐기는 방법을 제시하고 있습니다.

• 이민석(국민대학교 교수, 전)서울 이노베이션 아카데미 학장)

이 책을 펴면 저자의 차에 히치하이크한 여행자가 된 듯한 기분입니다. 저자는 메타버스 속 자녀교육의 세계로 운전을 하며, 옆자리에 앉은 저에게 재미난 이야기를 들려줍니다. 영화 이야기로 시작하니 눈앞에 선명하게 그림이 그려지는 듯 했고, 각 분야 대가들의 저서들을 인용하여 지식을 나누어 주니 그 묵직한 지적 권위에 나도 모르게 메모하게 됩니다. 무엇보다 실제 저자의 자녀교육 사례를 통해 막연했던 개념들이 선명하게 정리되었습니다. 모두가 초행길인 이 길에서 조금이라도 앞서 길을 걸어간 저자의 지혜를 통해 원하는 목적지에 도달하기를 바랍니다.

• 박정철(구글 이노베이터, 구글 에듀케이터 그룹 사우스 코리아 리더)

우리 아이들이 살아갈 메타버스, 지금까지와는 또 다른 거대한 세상이 오고 있습니다. 2022 개정교육과정에서 '언어, 수리'역량에 이어 '디지털'역량이 추가될 만큼 디지털 관련 교육은 이제 필수이며 우리는 그 방법을 찾아야 합니다. 이 책은 메타버스 세상을 살아갈 시야를 기르는 법을 아빠의 따뜻한 시선으로 알려주고 있습니다. 아이들에게 꼭 필요한 디지털 리터러시을 어떻게 함양할 수 있을지, 자녀와 함께 메타버스 세상을 탐험할 준비 되셨나요? 마음을 다해 추천합니다.

• 김차명 (참쌤스쿨 대표, 경기도광명교육지원청 장학사)

이 책의 제목은 『자녀와 함께하는 메타버스 여행』이지만 저는 "우리 아이가 디지털 세상에서 어떻게 성장하도록 도와야 할까?"라는 질문에 대한 다양한 답을 책에서 찾을 수 있었습니다. '디지털 세상의 원리'에서부터 '디지털 세상에서 자녀들과 어떻게 함께 살아갈 것인가?'에 대한 구체적인 꿀팁까지, 디지털 교육의 A to Z를 재미있는 영화 속 장면들과 함께 만나볼 수 있었습니다. 디지털 세상에서의 자녀교육을 고민하는 부모님들께 일독을 권합니다.

• 송석리 (서울고등학교 교사, 한국정보교사연합회 부회장)

부모가 자녀를 교육하는 것은 정답이 없기에 무척 어려운 일입니다. 하물며 아날로그 세대의 부모가 디지털 세대의 자녀들을 이해하고 교육하는 것은 얼마나 어려운 일인지 머리가 지끈합니다. 지금의 메타버스에는 현실세계의 부모 없이 오로지 자녀 혼자 덩그러니 놓여 있는 것이 사실입니다. 메타버스 시대에 디지털 세대의 자녀를 이해하고 자녀와 함께 하고 싶은 부모님들께 이 책을 추천합니다.

• 최상현 (향산초등학교 교사, CT교사연구회 간사)

'과연 동시대 교육과 양육이 동시대 기술이 야기하는 급격한 변화를 감당할 수 있을까?'라는 불안한 마음이 들 때, 이 책을 읽으십시오. 이 변화의 흐름을 발 빠르게 따라가야 하는 경주가 아니라 자녀와 함께 이야기 나누며 소중한 추억을 쌓을 수 있는 여행의 관점으로 볼 수 있게 하는 사려깊은 책입니다.

• 최승준 (미디어아티스트, 한미유치원 설립자)

우린 새로운 시대가 시작될 때마다 두려움과 낯설음에 첫발을 디딛지 못하곤 하죠. 하지만 이번 버스를 놓치면 다음 버스와의 배차 간격은 끝없이 벌어져 있을 거예요. 지금이 바로 메타버스에 올라타야 할 적기입니다. 우리 아이들의 미래에 일상이 될 현실을 미리 경험하고 앞서 나가며 아이들과 함께 메타버스 여행에 동행해 보세요. 앎의 영역이 넓어지면 우리 미래에 대한 기대감과 즐거움도 더 커질 거예요.

• 박제인 (퍼스널브랜딩 전문가, 사람북닷컴 대표)

MZ세대 자녀와
디지털 지구에서 살아가기

부모가 되기 전에는 부모가 되는 게 이렇게 어려운 일인 줄 몰랐습니다. 부모가 되고 나서야 부모가 뭔지 조금이나마 이해하게 되었습니다.

어렸을 때부터 가정을 꾸리면 정말 좋은 부모가 되겠다고 다짐하곤 했습니다. 어린 시절 성장 환경이 마냥 행복하진 않았기에, 훗날 가정을 꾸리면 아이에게만큼은 꼭 행복한 가정을 만들어주겠노라고 결심했었습니다. 두 아이를 키우면서 '좋은' 부모가 된다는 게 얼마나 어려운 일인지 새삼 깨닫게 되었습니다. 세상이 너무 빠르게 변하면서 예전에 제가 배웠던 방식들이 대부분 구식이 되었고 어느새 저는 꼰대가 된 것 같았습니다.

이 책은 급변하는 시대, 특히 디지털 대전환 시대에 '좋은' 부모가 되기 위한 좌충우돌 도전기를 담고 있습니다. 40대 이상의 XY세대 부모들은 아직도 아날로그 세대인데, MZ세대 자녀들은 디지털 네이티브를 지나 메타버스 네이티브로 넘어가는 상황입니다. 그래서 디지털과 메타버스 환경에서 자라는 아이를 어떻게 이해하고 양육해야 하는지 이해하기 어려울 때가 한두 번이 아닙니다. 다행히 초등학교 교사로 있으면서 아이의 마음을 조금은 이해하는 법을 배웠고, 컴퓨터교육을 전공하면서 디지털 환경을 어떻게 가르치면 좋을지 고민할 기회가 있었습니다. 대한민국에서 아이를 낳고 기르는 같은 부모로서 디지털 대전환, 메타버스 시대에 자녀를 잘 양육할 방법을 찾고 싶었습니다.

부모로서 아이에게 바라는 게 있다면 부모의 그늘에 있을 동안 세상을 살아갈 힘을 길렀으면 좋겠다는 겁니다. 세상을 살아갈 힘을 기르기 위해서는 세상을 볼 줄 알아야 하고, 세상의 변화에 대해서도 알아야 합니다. 세상의 변화를 아는 것은 아이뿐만 아니라 부모에게도 중요합니다. 양육의 목표와 지향점을 정할 수 있기 때문입니다. 잘못된 목표는 잘못된 내용과 방법으로 이어지기 쉽습니다.

우리 아이들이 살아갈 미래는 아날로그와 디지털이 융합된 세상이고, 이런 융합은 결국 '메타버스'로 구현될 것입니다. 기술의 발전은 기하급수적이고 인공지능의 영향은 나날이 확장될 것입니다. 10여 년 전에 스마트폰이 우리 일상을 혁신하리라 예측할 수 없었던 것처럼, 10년 뒤에 메타버스가 우리의 삶을 어떻게 바꿀지 예측하기 어렵습니다. 여러 영역에 흩어져 있던 디지털 현상들이 메타버스로 통합될 것이며, 우리 자녀들은 아날로그 지구뿐만 아니라 '디지털 지구'에서 사는 삶이 자연스럽게 될 것은 분명합니다.

이 책은 부모로서 알아야 할 디지털 대전환의 시대에 인공지능, 메타버스, 디지털 리터러시 등의 개념을 설명하고 있습니다. 메타버스 시대는 아이에게 어떤 영향을 미칠지, 교육 환경은 어떻게 변하며 그래서 어떤 방식으로 교육하면 좋을지에 대한 고민과 사례들을 담고 있습니다. 저도 처음 가보는 길이라 때로는 잘못된 길로 들기도 하지만, 이런 저의 실수담이나 도전기가 메타버스 시대를 준비하는 부모님들에게 시행착오를 줄일 수 있는 밑거름이 되기를 소망합니다.

백 가지 교육이론이 있다 해도 가정에서 실천되지 않으면 무용지물입니다. 저는 학교에서는 교육자이지만 집에 오면 두 아이의 아빠일 뿐입니다. 머리로는 백 퍼센트 이해하지만 저도 아이들에게 참지 못하고 불쑥 화낼 때도 많습니다.

이 책 곳곳에 저의 부족한 모습이 여과 없이 그대로 드러나 있습니다. 20년 넘게 컴퓨터와 디지털 리터러시를 가르치는 교육자도 여느 부모와 다르지 않다는 점에 위안을 얻으시기 바랄 뿐입니다. 다만 위안에 그치지 마시고 저와 함께 자녀의 미래를 위해서 준비하는 부모가 되시기를 소망합니다.

'미래를 예측하는 가장 좋은 방법은 미래를 창조하는 것'이라는 피터 드러커(Peter F. Drucker)의 말처럼 자녀에게 더 나은 미래를 물려주기 위해 앞장서서 환경을 만들어주면 좋겠습니다. 메타버스 시대에도 지혜롭고 행복하게 살아가는 아이들로 성장할 수 있도록 말입니다.

김수환

part I
메타버스 시대의 도래

part II
메타버스 시대의 학교교육

part III
메타버스 시대의 자녀교육

part IV
자녀와 함께하는 메타버스 실전

part I
메타버스 시대의 도래

"메타버스를 통해 우리는 2D세계로 인터넷을 보는 것에서
3D세계의 인터넷 안에서 생활하는 것으로 바뀌고 있습니다."
- 데이브 워터스(Dave Waters) -

메타버스에
탑승할 준비가 되셨나요?

　서울의 한 초등학교에서 부모님들을 대상으로 미래사회와 소프트웨어에 대한 강연을 마치고 질의응답 시간이 되었습니다. 100분 내내 진지하게 강연을 경청하시던 한 어머니께서 손을 번쩍 들었습니다. "아이들과 함께 보면 좋을 영화를 추천해 주세요." 강연 중간중간에 책이나 영화 사례를 자주 들었더니 아마 궁금하셨나 봅니다. 저는 주저 없이 스티븐 스필버그의 「레디 플레이어 원」을 추천했습니다.

　사실 이 영화는 부모님들이 꼭 봐야 할 영화라고 생각합니다. 영화의 배경은 2045년으로 전 세계 이용자들이 각자의 아바타를 통해 만든 하나의 거대한 가상현실 세계 '오아시스(OASIS)'를 보여쭙니다. 부모님들이 메타버스를 보다 잘 이해하는 데 매우 귀중한 통찰력을 주는 수작이라고 생각합니다.

　메타버스는 과연 무엇이고, 왜 지금 메타버스가 이렇게 주목받고 있는 걸까요? 여러 이유가 있겠지만 저는 '디지털 대전환 (digital transformation)'에 그 원인이 있다고 생각합니다. 부모님들은 중고등학교 시절, '르네상스'에 대해서 배우셨을 겁니다. 르네상스는 14세기부터 16세기 사이 이탈리아와 유럽을 중심으로 일어난 문예부흥 운동을 말합니다. 원래 이 운동은 고대 그리스와 로마 시대의 영광스러운 문화를 다시 부흥시키자는 것이었습니다.

　르네상스 교육에 가장 큰 변화를 일으킨 사건은 구텐베르크가 발명한 활판 인쇄술입니다. 당시 서양 세계의 가장 높은 지식은 『성경』이었는데, 이 거룩한 책은 일일이 전문 필경사가 손으로 베껴서 만들었습니다. 당연히 매우 비쌀 수밖에 없어서 성직자나 일부 정해진 지식인들만 읽을 수 있었습니다. 그러던 중에 구텐베르크가 활판 인쇄술을 발명하자, 저렴한 보급판 『성경』이 제작되었고 누구나 읽을 수 있게 되었습니다. 구텐베르크 덕분에 『성경』뿐만 아니라 인류가 그동안 축적해 온 지식들을 책으로 만들어 대량으로 찍어낼 수 있게 되었습니다. 지식의 대중화가 이루어진 것입니다. 예전에는 글을 읽고 쓰는 것이 특권층 지식인만 할 수 있는 능력이었는데, 지식의 대중화로 인해 일반 시민들도 읽고 쓰는 능력이 필요하게 되었습니다. 역사적으로 보면, 시민교육은 대학의 발전과 십자군 전쟁으로 인한 기득권의 몰락 등 다양한 요인이 있었지만, 지식의 유통은 인쇄술의 발전이 있었기에 비로소 가능해진 것입니다.

저는 지금이 '제2의 르네상스'라고 생각합니다. 르네상스 시대에 지식의 대변혁이 일어난 것처럼 지금 모든 지식이 디지털 세상으로 옮겨가는 현상이 벌어지고 있습니다. 이런 현상을 '디지털 대전환'이라고 합니다. 디지털 대전환을 상징적으로 보여주는 사례가 몇 개 있는데, 1971년 시작한 '구텐베르크 프로젝트'도 그한 예입니다.

구텐베르크 프로젝트는 저작권이 만료된 과거의 책들을 디지털 문서로 만들어서 공유하는 프로젝트입니다. 사이트(https://www.gutenberg.org/)에 가보시면 현재는 6만 여권의 책이 무료로 공유되고 있습니다. 이렇게 디지털 책으로 만들어 놓으면 굳이 도서관에 갈 필요 없이 언제 어디서나 인터넷을 연결하여 누구나 무료로 책을 이용할 수 있게 됩니다. 이렇듯 디지털 대전환 시대는 모든 정보와 지식이 쉽게 생성되고 수정 및 복사, 그리고 공유가 가능해집니다.

수많은 정보와 지식이 쉽게 생성되고 공유되는 또 다른 사례로 '위키백과'를 들 수 있습니다. 십여 년 전만 하더라도 세계적으로 가장 유명한 백과사전은 영국의 『브리태니커 백과사전』이었는데, 2012년에 디지털 대전환을 극복하지 못하고 244년의 종이 책 출판을 중단하고 말았습니다. 누구든지 함께 모여서 만드는 사전인 '위키백과'의 양과 질이 『브리태니커 백과사전』을 앞질렀기 때문입니다. 이렇게 함께 모여 협력하여 공동의 결과물을 만드는 것을 '집단지성(collective intelligence)'을 발휘한다고 합니다.

미래는 우리가 일정한 역량만 갖추면 언제든 이런 집단지성을 발휘할 수 있습니다. 메타버스는 집단지성 현상을 더욱 가속화할 것입니다. 위키백과는 현재 293개 언어를 사용하고 4,000만 개 이상의 기사를 내보내며 매월 180억 뷰를 기록하고 있다고 합니다. 그리고 이 순간에도 끊임없이 새로운 표제가 만들어지고 있으며, 이전의 표제들이 업데이트되고 있습니다. 대단하지 않습니까!

정보와 지식이 생성, 수정, 공유가 가능해지면 어떤 일이 벌어질까요? 그리고 이런 디지털 대전환과 메타버스는 아이들의 삶에 어떤 영향을 미칠까요?

정보와 지식이 디지털로 되면 디지털의 특성과 장점을 이용할 수 있습니다. 디지털 정보는 모든 사람에게 새로운 기회를 제공하는데, 누구나 참여하고 함께 누릴 수 있는 참여, 공유, 개방의 문화를 가능하게 합니다. 참여, 공유, 개방은 '웹2.0 정신'이라고 하는데, 이는 디지털 세상에서 공동선을 추구하자는 겁니다. 저는 우리 아이들이 메타버스에서도 즐겁고 재미있고 행복하게 지낼 수 있었으면 좋겠습니다.

강연 중에 종이책이 편한지 아니면 디지털 책이 편한지 물어볼 기회가 종종 있습니다. 저는 개인적으로 종이책이 편한데, 이런 저를 보고 아이들은 도통 이해하지 못하는 거 같습니다. 종이책이 편하면 신세대가 아니라 '쉰세대'라고 하던데, 정작 아이들은 종이책이든 디지털 책이든 상관없다고 합니다. 세상은 이미 디지털로 바뀌어 가고 모든 정보와 지식이 디지털 세상으로 옮겨가고 있습니다. 아날로그 세상이 어디까지 디지털 세상으로 옮겨가게 될까요? 지금의 디지털 대전환은 중세시대의 르네상스처럼 새로운 시대가 열리고 있다는 것을 말합니다.

새로운 르네상스인 디지털 세상의 끝판왕이 바로 '메타버스(metaverse)'입니다. 현재는 메타버스의 초기 단계라 현실세계와 가상세계의 구분이 확실하게 보이지만, 미래에는 두 세계의 구분이 모호해질 것이고 영화 「레디 플레이어 원」과 같은 세상이 펼쳐지게 될 것입니다.

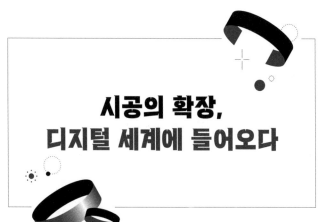

시공의 확장,
디지털 세계에 들어오다

저는 어린 시절 「빽 투더 퓨처」 같은 영화를 보면서 타임머신이 있으면 얼마나 좋을까 상상했던 적이 있습니다. 아마 모두가 그런 상상을 한 번쯤 해보셨을 것입니다. 메타버스는 온라인에서 빽 튜더 퓨처와 같은 과거와 현재, 미래를 넘나드는 상상의 시공간을 경험할 수 있게 해줍니다. 메타버스의 시간과 공간을 창작하는 주체는 사람이기 때문에 어떤 세계관을 가지고 얼마만큼의 공간을 창작하느냐는 전적으로 사람에게 달려 있습니다. 이런 특성은 앞서 살펴본 디지털의 특성을 담은 디지털 세계이기 때문에 가능합니다.

디지털 세계의 가능성은 그간 여러 학자가 주장했는데, 가장 잘 알려진 인물로는 MIT의 네그로폰테(Nicholas Negroponte) 교수가 있습니다. 그는 『디지털이다』에서 이런 현상을 설명하면서, 지금의 세계는 물질, 즉 '원자(atom)'에서 디지털, 즉 '비트(bits)'로 변화하고 있다고 말합니다. 이 책은 1995년에 출간되었지만, 현재와 미래 사회를 조망할 수 있는 매우 중요한 안목을 제시합니다. 여기서 사용되는 용어 비트는 binary digit의 약자로 '바이너리(binary)'를 우리말로 번역하면 '이진법'을 의미합니다. 이진법은 여러분이 아시는 것처럼 0과 1로 이루어진 숫자 체계를 말합니다. '디지트(digit)'는 라틴어로 '손가락'을 뜻하는 말에서 유래되었다고 합니다. 손가락으로 명확하게 수를 세는 행위나 손가락을 길이의 단위로 사용한 것에서 비롯되었을 것으로 추측할 수 있습니다.● 네그로폰테 교수는 디지털 세계의 가장 최소의 단위를 비트로 보고 이를 디지털 세계의 기본 단위로 사용합니다. 그렇다면 비트의 세계는 아톰의 세계와 어떻게 다른 것일까요? 메타버스는 디지털을 기반으로 하는데 아날로그 세계와 어떻게 다를까요?

먼저 디지털의 특성을 이해하면 접근이 쉬워집니다. 이해를 돕기 위해 잠시 디지털의 특성을 살펴보겠습니다.

● 비트를 처음 사용한 사람은 정보이론의 기초를 놓은 클라우드 새넌(Claude E. Shannon)으로 알려져 있습니다.

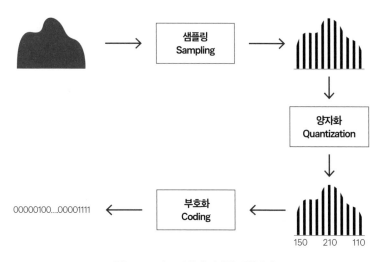

아날로그 오디오 파형의 디지털 변환과정

그림에서 보는 것처럼, 우리가 노래를 부르면 처음에 파동이 형성됩니다. 이 파동은 아날로그 파동이어서 끊어지지 않고 주욱 이어진 형태로 나타납니다. 아날로그 파동을 디지털로 바꾸기 위해서는 먼저 아날로그 파동을 잘게 잘라내야 합니다. 이 자르는 과정을 샘플링이라고 하고, 샘플링을 통해서 잘린 데이터를 숫자(양)로 바꿉니다. 그리고 바꾼 숫자를 컴퓨터의 언어인 이진수로 부호화해서 저장하게 됩니다. 이런 식으로 아날로그는 디지털로 변환되는 과정에서 자르고, 수치로 변환하는 과정을 거치게 됩니다. 반대로 이 디지털 정보를 다시 들으려면 아날로그 파동으로 되돌려야 합니다. 우리가 들을 수 있는 노래로 변환하기 위해 디지털화 과정의 역순을 밟아야 합니다. 기기에 저장되어 있던 숫자가 다시 파동으로 변환되어 스피커로 재생되면 아름다운 노래가 되는 것입니다. 사실 라디오나 TV, 전화기 등 우리가 일상에서 쓰는 대부분의 디지털 기기는 이런 디지털과 아날로그를 오가며 제 역할을 하고 있습니다.

아날로그와 디지털은 각각 장단점이 있습니다. 그림처럼 아날로그는 연속적인 변화로 나타나며, 디지털은 불연속적인 값으로 나타낼 수 있습니다.

구분	∿∿∿∿ 아날로그	⊓⊓⊓⊓ 디지털
장점	• 현실세계에서 생성되는 자료와 정보이므로 친숙하다. • 직접 경험이 가능하므로 직접적인 체감을 느낄 수 있다.	• 현실세계의 자료와 정보를 변환해서 사용하므로 복제, 전송, 수정 등이 가능하다. • 다양한 형태로 가공할 수 있다.
단점	• 금방 휘발된다. • 계속 변하기 때문에 가공하기가 어렵다. • 잡음에 민감하다.	• 변환하는 과정에서 정보의 손실이 있다. • 해킹을 통해 수정, 변조의 가능성이 있다.

디지털과 아날로그의 비교

이런 디지털의 특성을 이해하면 메타버스도 어떤 장단점이 있는지 생각해 볼 수 있습니다. 메타버스에서 만들어지는 모든 것들은 디지털 특성을 가지므로 복제, 전송, 수정 등이 용이하지만, 나쁜 마음을 먹는 사람들에 의해 악용될 소지가 있습니다. 따라서 디지털의 특성을 이해하고 올바르게 활용하려는 태도와 자세를 가져야 합니다. 이 부분은 뒤에서 자세히 설명하겠습니다.

우리는 아톰에서 비트로 옮겨지는 현상을 통해 메타버스의 특성을 살펴볼 수 있습니다. 메타버스의 특성 중에 '동시성(concurrence)'이라는 개념이 있습니다. 말 그대로 동시성은 여러 사건이 동시에 발생하는 상황을 말합니다. TV처럼 모두가 한 화면을 보고 있는 게 아니라 메타버스에 접속한 여러 사람이 같은 시간에 서로 다른 경험을 하게 되는 상황을 생각하시면 됩니다. 현실세계에서도 놀이공원에 있는 사람들이 같은 시간대에 서로 다른 경험을 할 수 있는 것처럼, 메타버스도 이와 같은 특성이 있습니다. 아톰의 현상을 비트의 세계로 옮겨 놓았는데 비트의 특성에 따라 공간을 복제하거나 공유할 수 있습니다.

또 한 가지 메타버스가 가진 특성은 '연속성(seamlessness)'입니다. 이 특성도 아톰의 세상이 비트의 세상으로 옮겨진 현상으로 이해하면 쉽습니다. 연속성은 현실세계의 삶이 끊어지지 않고 연속적으로 흐르는 것처럼 메타버스에서의 삶도 연속한다는 의미입니다. 예를 들면 메타버스에서 게임을 하다가 쇼핑몰에서 제품을 구매하고 동료들과 회의도 할 수 있습니다. 메타버스의 이런 특성은 현실에서의 경험이 메타버스에서도 얼마든지 가능하며,

경험의 폭과 깊이도 더욱 확장될 수 있다는 점을 예측할 수 있게 합니다.

그 대표적인 예가 최근에 일어났습니다. 2021년 11월에 열린 메타버스 관련 포럼에서 이용덕 드림앤퓨처랩스 대표는 BTS가 메타버스 게임 플랫폼 '포트나이트'에서 「다이너마이트」뮤직비디오를 공개하고 약 500억 원의 매출을 냈다고 발표했습니다. 또한 제페토에서 열린 블랙핑크의 가상 팬사인회에는 하루에 4,600만 명이 참여했다는 내용을 알렸습니다.[1] 최근 여러 기업에서는 메타버스에서 콘서트나 세미나, 강연 등 다양한 행사를 진행하고 있습니다. 대학교에서는 유행처럼 메타버스에서 신입생 환영회나 공연 같은 행사를 진행하고 있습니다.

그렇다고 가상세계가 현실세계를 대체할 수는 없습니다. 저는 메타버스가 우리 삶에 막대한 영향을 미칠 것으로 예상하지만, 현실의 삶을 대체할 수는 없다고 생각합니다. 김상균 교수도 『메타버스』 마지막에 다음과 같은 이야기를 합니다.

"그러나 메타버스가 현실을 완전히 잊기 위한 수단이 되어서는 안 됩니다. 메타버스 속 삶이 아무리 빛날지라도, 현실이 있기에 메타버스가 존재합니다. 우리가 직면한 문제, 우리가 책임져야 할 무언가를 피하기 위한 수단으로 메타버스에 머문다면, 메타버스는 현실의 삶을 망치게 됩니다. …(중략)… 저는 메타버스의 활용 가능성을 높게 평가하지만, 메타버스가 우리 삶을 대체하지는 않았으면 합니다."[2]

메타버스가 그리는 세상은 아날로그 지구를 토대로 만들어진 디지털 지구입니다. 물론 아날로그 지구에서 할 수 없는 일들을 디지털 지구가 가능하게 해주지만, 현실에 존재하는 내가 없이 메타버스에서만 존재할 수는 없는 노릇입니다. 앞서 소개한 영화 「레디 플레이어 원」에서도 주인공은 마지막에 결단을 내리는데 이는 일주일에 한 번 정도는 현실세계의 가족이나 이웃들과 시간을 보내기 위해 메타버스 시스템을 셧다운 하는 제도를 만듭니다. 앞으로 메타버스는 아이들의 놀이터가 될 것이고, 메타버스에서 창출되는 문화가 삶의 곳곳에 스며들게 될 것입니다. 무엇이든 어느 한쪽이 극단으로 치닫게 되면 부작용이 나타나기 마련입니다. 메타버스에서 대부분의 여가와 문화활동이 가능하더라도 자녀들에게 현실세계의 문화와 활동의 가치도 잊지 않도록 가르쳐 주어야 합니다. 마치 놀이공원에 푹 빠져서 당나귀가 된 피노키오처럼 메타버스에만 빠져 살다 보면 돌아오는 길을 잃어버리게 될지도 모릅니다.

현실세계의 시간이 메타버스에서의 시간만큼 가치와 재미를 가지려면 아이들에게 무언가 가치 있고 재미있는 활동을 찾아주어야 합니다. 제가 했던 방법은 아이와 함께 영화 보기와 운동하기, 연주하기, 여행하기 등 다양한 방법들이었는데요. 이 책을 읽는 부모님들도 자녀와 함께 찾아보시기 바랍니다. 현실세계와 메타버스의 균형점을 잘 찾는다면 아이들과 행복한 메타버스 시대를 맞이하실 수 있을 것입니다.

여기에도 저기에도
내가 있다

앞서 살펴본 것처럼 메타버스는 곧 다가올 세상입니다. 사실 메타버스라는 개념은 아직 명확하지 않은데요. 세계적으로 우리 나라에서 더욱 활발하게 언급되고 있습니다. 2020년 말부터 시작 해서 2021년에 폭발적으로 관심을 받는 상황입니다. 네이버 데이 터랩에서 '메타버스'를 검색하면 2020년까지는 검색량이 거의 없 다가 2021년 들어 검색량이 급증한 것을 볼 수 있습니다. 메타버 스 산업 얼라이언스도 출범하고 사회 전반에서 메타버스가 심심 치 않게 들려옵니다. 최근에는 교육 분야에도 메타버스를 활용한 교육 사례가 조금씩 늘고 있습니다.

최근 국내 대학가에서는 메타버스에서 이루어지는 졸업식, 입학식 등의 행사가 유행처럼 번지고 있습니다. 2021년 3월 2일 순천향대학교 학생들이 메타버스 공간에서 입학식을 한 기사가 나간 이후, 여러 대학교에서 입학식이나 신입생 환영회, 졸업식 등의 행사를 메타버스에서 개최하는 것이 유행처럼 일어나고 있습니다.[3] 과연 메타버스는 무엇이기에 사회뿐만 아니라 교육에도 영향을 미치는 것일까요?

메타버스는 1992년 미국의 소설가 닐 스티븐슨(Neal Stephenson)의 소설 『스노 크래시』에서 처음 등장한 말입니다. 소설 속에 나오는 가상세계의 이름이 메타버스입니다.● 메타버스(metaverse)는 '가상' '초월'을 의미하는 '메타(meta)'와 '세계' '우주'를 의미하는 '유니버스(universe)'를 합성한 신조어입니다. 메타버스를 쉽게 설명하자면, 사람들이 자신의 아바타를 이용하여 사회, 경제, 교육, 문화활동을 하는 또 다른 세계라고 할 수 있습니다. 김상균 교수는 이런 메타버스를 '디지털 지구'라고 표현합니다. 매우 적절한 표현이라고 생각합니다.

인터넷이 처음 들어오던 때를 떠올려보면, 우리는 상상만 하던 일들이 인터넷이라는 공간에서 하나씩 현실화된 것을 깨닫게 됩니다. 지구 반대편에 있는 친구들과 얼굴을 보면서 통화할 수 있고, 온라인에 모여서 공동 작업도 할 수 있으며, 이전까지 전혀

● 『스노 크래시』에서도 '아바타'가 등장합니다. 『스노 크래시』에서 묘사한 가상세계는 현실과 비슷하게 실력과 능력, 부의 정도에 따라 차등적으로 아바타를 만들 수 있습니다.

모르던 사람들과 팀을 이뤄서 공동의 미션을 해결하는 게임을 하기도 합니다. 부모님들이 어린 시절에 영화 속에서나 있을 법한 상황들이 눈앞에서 펼쳐지는 세상이 된 것입니다.

지금은 조금 시들해졌지만 4~5년 전만 하더라도 전 세계 아이들이 열광했던 「포켓몬GO」라는 게임이 있습니다. 이 게임은 스마트폰으로 여기저기를 비추면 포켓몬이 나타나는데 이를 포켓볼을 던져서 잡는 단순한 게임입니다. 1990년대 후반에 나온 「포켓몬스터」라는 만화를 게임화한 것으로 상상 속 만화에만 등장하는 포켓몬들을 증강현실로 만들어서 현실에서 유저들이 포켓몬 트레이너의 경험을 할 수 있도록 만든 게임입니다. 만화 속에 등장하던 일들이 현실에서도 가능한 세상이 된 것입니다. 메타버스는 이런 상상 속의 일들이 구현되어 우리 생활 전반에 영향을 미치게 될 것입니다.

메타버스는 크게 네 가지의 세계를 포함한 개념이라고 합니다. 미래기술 연구단체인 미국미래학협회(Acceleration Studies Foundation: 이하 ASF)에서 제안한 개념은 증강현실(augmented reality)과 라이프로깅(lifelogging), 거울세계(mirror worlds), 가상세계(virtual worlds)의 네 가지입니다. 먼저 증강현실이란 1990년대 후반에 처음으로 등장했는데, 현실세계 위에 가상의 물체를 덧씌워서 보여주는 기술입니다. 위에서 살펴본 「포켓몬GO」가 대표적인 사례입니다. 스마트폰으로 주변을 비추면 눈으로 보이지 않던 여러 정보가 등장합니다. 이 기술은 이미 교육에서 활용되고 있습니다. 에듀넷에서 제공하는 디지털 교과서(https://dtbook.edunet.net/)에서는 종이책의 한계를 극복하고 교실 수업을 보다 실감 나게 개선하기 위해 증강현실을 반영한 '실감형 콘텐츠'가 담겨 있습니다. 아이들이 교과서나 카드 이미지를 비추면 해당 사물이나 현상을 3D 화면으로 바로 띄울 수 있습니다. 덕

구분	증강현실 (augmented reality)	라이프로깅 (lifelogging)	거울세계 (mirror worlds)	가상세계 (virtual worlds)
정의	현실 공간에 가상의 2D 또는 3D 물체를 겹쳐보이게 하여 상호 작용하는 환경	사물과 사람에 대한 일상적인 경험과 정보를 캡처, 저장, 공유하는 기술	실제 세계를 반영하되, 외부 환경 정보를 통합하여 제공	디지털 데이터로 구축한 가상세계
특징	위치기반 기술과 네트워크를 활용해 스마트 환경 구축	증강기술을 활용해 사물과 사람의 정보를 기록	가상지도, 모델링 GPS 기술 활용	이용자의 자아가 투영된 아바타간의 상호작용 활동에 기반
활용 분야	스마트폰, 차량용 HUD	웨어러블 디바이스, 블랙박스	지도기반 서비스	온라인 멀티플레이어 게임
사용 사례	포켓몬Go, 디지털교과서 실감형 콘텐츠	페이스북, 인스타그램, 애플워치, 삼성헬스, 나이키 플러스	구글어스, 구글맵, 네이버지도, 에어비앤비	세컨라이프. 마인크래프트, 로블록스, 제페토

메타버스의 네 가지 유형(출처: KERIS(2021), 메타버스의 교육적 활용)

분에 아이들이 교실에서 체험할 수 없거나 평소 접하기 힘든 사물을 증강현실로 입혀 체험할 수 있게 되었습니다.

둘째, 라이프로깅은 개인이 생활 속에서 경험하는 정보를 기록하고 저장하고 공유하는 일련의 활동을 말합니다. 일명 소셜미디어라고 하는 SNS에 자신의 이야기를 기록하는 것이라고 보면 됩니다. 라이프로깅은 자신의 스토리를 적어서 공유하는 것과 다른 사람의 글에 댓글이나 이모티콘으로 반응하는 것 모두를 포함합니다. 아날로그 일기와 비슷해 보이지만, 라이프로깅은 디지털 세상에서 자신의 이야기를 저장하고 다른 이들과 공유한다는 특징이 있습니다. 메타버스에서 라이프로깅은 단순한 블로그나 SNS에 글쓰기를 넘어선 가치를 갖습니다. 스마트시계나 밴드를 착용하고 센서가 달린 신발을 신고 달리면 자신의 기록이 축적되면서 조깅 클럽 내에서 랭킹이 찍히게 됩니다. 개인이 여행을 다니며 먹은 음식을 평가하는 글이나 여행지에서 느낀 감정을 적은 일기가 다른 사람들에게는 중요한 정보로 이용되기도 합니다.

셋째, 거울세계는 현재 우리가 살아가고 있는 실제세계의 모습이나 정보, 구조 등을 디지털 세상에 그대로 옮겨 놓은 것을 말합니다. 거울세계는 현실세계의 효율성과 디지털의 특징인 확장성의 장점을 혼합해 놓은 것이라고 보시면 됩니다. 예를 들어 구글 어스나 네이버, 다음 지도 등이 여기에 해당합니다. 현실세계의 모습을 디지털로 만들어 놓으면 직접 그곳을 가지 않아도 경험해볼 수 있고, 현실세계에서는 구현이 어려운 여러 작업이나 실험도 해볼 수 있습니다. 최근 우리나라에서도 추진하고 있는 디지털 뉴딜 2.0에서 제시하는 '디지털 트윈(digital twin)'도 비슷한 개념입니다. 실제 환경과 똑같은 디지털 트윈을 만들어 놓고, 현실에서 하기 힘든 실험을 반복하여 보고 그 결과를 활용할 수 있습니다. 미국의 나사(NASA)에서는 우주 환경을 지상에 똑같이 구축하고 디지털 트윈과 연결하여 실험한 결과를 우주개발 프로젝트에 적용하고 있습니다. 장차 거울세계는 단순히 실험뿐만 아니라 경제, 사회, 문화 전반의 체험까지 가능한 형태로 확장할 것입니다.

넷째, 가상세계는 현실과는 다른 공간과 시간대를 만들어 놓고 그 속에서 살아갈 수 있도록 구현한 세계입니다. 가상세계에서는 자신을 대신하는 '아바타(avatar)'를 만들고 이를 조작해서 여러 가지 활동을 할 수 있습니다. 온라인 게임이 가상세계의 대표적인 사례라고 보시면 됩니다. 물론 게임형 가상세계 외에도 온라인 커뮤니티형 가상세계도 있습니다. 최근에 다양한 교육활동에 함께 시도되고 있는 '제페토'나 '로블록스' 등도 인기 있는 가상세계 플랫폼으로 꼽힙니다. 제페토는 우리나라에서 만든 가상세계 플랫폼인데, 요즘 청소년들은 제페토 플랫폼에서 아바타를 이용한 취미활동이나 가상세계 드라마 같은 다양한 활동을 하고 있습니다. 미국 가상세계 플랫폼인 로블록스의 경우에는 누구나 게임을 만들 수 있는데, 내가 만들어 놓은 게임을 이용자들이 비용을 지불하고 참가할 경우 이를 통해 수익을 얻을 수도 있습니다.●

　최근에는 가상세계와 증강현실이 합쳐지는 추세로 가고 있습니다. 지금도 일부 학교에서는 VR과 AR기기를 활용한 교육이 이루어지고 있는데, 유럽을 중심으로 서비스 중인 멜 사이언스(Mel Science)에서 만든 가상 실험실은 초중고 교실에 이미 도입되고 있습니다. 구글이나 애플도 이런 VR과 AR기기를 활용한 교육을 시도하고 있는데, 구글의 틸트 브러시는 가상공간에서 그림을 그리거나 기기를 조작하는 등의 여러 가지 학습이 가능한 형태로 발전하고 있습니다. 우리나라 문화체육관광부에서도 초등학교에 가상현실 스포츠 지원실 사업을 시행하고 있습니다. 초등학교의 신청을 받아서 체육관에 가상현실을 적용한 스포츠 활동이 가능한 체험실을 설치해주는 사업입니다. 장마나 미세먼지 등의 이유로 야외에서 활동할 수 없거나 특수교육 지원 대상자, 체육 기피 학생 등에게 흥미로운 콘텐츠로 체육활동에 참여를 유도하는 데 적용하고 있다고 합니다.

● 미국 CNBC에 따르면 2021년 1,200명의 개발자가 로블록스 게임으로 벌어들인 수입은 평균 1만 달러(약 1,200만원)라고 합니다. 이 중에서도 상위 300명은 연간 평균 10만 달러(약 1억2,000만원)를 벌어들입니다. 이용자도 꾸준히 증가하고 있어서 미국 16세 미만 청소년의 55%가 로블록스에 가입했고, 21년 6월 기준으로 매일 평균 4,320만 명이 접속합니다.

VR스포츠에 참여하는 모습
(출처: 국민체육진흥공단, 2022가상현실 스포츠실 보급 사업 설명회 자료)

소위 MZ세대가 기성세대가 상상했던 것보다 메타버스 환경에 훨씬 빨리 적응하는 모습을 보면서 정말 디지털 대전환을 이끌어 나갈 수 있는 세대라는 사실을 절감합니다. 요즘 학생들은 이미 디지털 3D공간을 많이 경험했기 때문에 아이디어를 내는 것도 다르고 실제 구현하는 것도 훨씬 자연스럽게 하는 모습을 보았습니다. 우리가 염려하는 것과 달리 아이들은 메타버스 환경을 더욱 자연스럽게 받아들일 것입니다. 부모의 몫은 염려가 아니라 조금은 낯선 메타버스 환경에서 주도적으로 살아가도록 격려하는 일일 것입니다.

또 다른 나,
아바타

　메타버스에서 살아가는 존재를 흔히 '아바타'라고 합니다. 아바타는 원래 힌두교에서 '신의 분신(分身)'의 의미로 쓰이던 말인데, 지금은 특정 종교와 상관없이 게임이나 메타버스에서 이용자자신을 표현하는 캐릭터의 의미로 쓰이고 있습니다. 1990년 중반부터 2000년대 초중반 시절 주로 게임 속 플레이어란 뜻으로 통용되었다고 합니다. 현재는 메타버스가 활성화되면서 아바타라는 용어는 좀 더 발전된 개념으로 사용되고 있습니다.

　메타버스에 입장하면 아바타를 설정하는 일부터 시작합니다. 자신의 모습과 닮은 캐릭터를 만들 수도 있고 전혀 다른 모습의 캐릭터를 만들 수도 있습니다. 앞서 언급했던 「레디 플레이어

원」에서 등장하는 아바타 닌자는 사실 11살에 불과한 중국인 소년입니다.

메타버스 세계에서 아바타를 만드는 것은 어떤 의미가 있을까요? 현실세계에서의 우리 모습은 부모님으로부터 유전적으로 물려받은 것이고, 성장 배경 같은 물리적, 문화적 요인들은 정해진 것들입니다. 아이들도 자신의 모습을 이해하고 판단할 수 있는 나이가 되면 어떤 부분이 장점이고 단점인지 스스로 알게 됩니다. 겉모습뿐만 아니라 내면의 모습도 판단할 수 있게 됩니다. 아이들이 아바타를 만들 때 자신의 모습과 닮은 모습으로 만들지, 아니면 단점은 버리고 장점만 살린 모습으로 만들지, 그것도 아니면 전혀 다른 모습을 창작할지 자신의 자아 이미지(self image)와 적지 않게 관련됩니다. 부모로서 자녀들이 만든 아바타를 가지고 대화를 나눠볼 수 있는 중요한 대목입니다.

지금은 대학생이 된 아들에게 게임에서 캐릭터를 고를 때 우선순위가 무엇인지 물어보니 캐릭터가 가지고 있는 스토리를 먼저 보게 된다고 합니다. 스토리를 보고 맘에 들면 그 캐릭터를 선택하게 된다고 하네요. 이것 역시 캐릭터를 통해 자신의 자아를 표출하는 것입니다. 김상균 교수는 『메타버스 II』라는 책에서 생물학적 인간은 한 명에 불과하지만, 메타버스에서는 다양한 자아를 가진 여러 명의 아바타가 활동하게 되리라 예측합니다. 김 교수는 자신의 모습을 학습시킨 인공지능 인간, 즉 가상인간을 만들고 '김하균'이라고 이름을 붙였다고 합니다. 김 교수는 사람들 대부분은 메타버스 공간에서 다음과 같은 패턴으로 아바타를 만든다고 소개합니다.[4]

① 아바타를 자신과 비슷하게 꾸미지만, 좀 더 매력적으로 보이게 수정

② 자신의 실제 모습에서 약점이라고 생각하는 신체적 특징을 가장 먼저 꾸미려고 함

③ 여러 아바타를 사용하는 경우, 자신의 핵심적인 정체성 요소(성별, 인종 등)는 유지하는 반면, 주변 요소들(헤어, 의상, 얼굴 등)은 다양하게 바꿈

자녀가 아바타를 만들고 이름을 붙이는 일은 매우 중요합니다. 메타버스도 인간이 살아가는 사회이기 때문에 자신의 정체성을 활용하는 법을 배우고 익혀야 합니다. 아이들은 실제 생활에서도 성장하듯이 메타버스라는 가상공간에서도 성장합니다. 때로 실패하고 좌절하는 일도 있지만 작은 성공과 성취를 이루기도 합니다. 그 안에서 아이는 점진적인 성장을 이룹니다. 아바타를 설정하고 가꾸는 일은 무엇보다 자신에 대한 전인적 이해와 함께 건강한 자기애가 있어야 가능합니다.

게더타운에서 아바타를 만드는 설정 화면 모습

　또한 아무리 실제가 아니라 해도 아바타는 자신의 인격을 걸고 살아가는 존재라는 인식이 필요합니다. 요즘 온라인 공간에서 일어나는 일들을 보면, 익명성이라는 가면을 쓰고 서로를 존중하지 않은 채 막무가내식의 태도를 보이는 사람들이 있습니다. 온라인상에서 악플을 달고 사이버불링(cyberbullying)을 가하는 걸 보고 누군가 '성인도 때로 어린애가 된다.'라고 말하는데 이건 어린이에 대한 모독입니다.

　메타버스에서도 사람의 악한 모습이 드러나는 경우가 종종 있습니다. 아이들에게 야한 사진이나 동영상을 보내거나 현실에서 만나자는 메시지를 보내는 경우가 발생하고 있습니다. 이런 현상은 인터넷이 일상 도구가 되면서 급격히 증가하고 있는데, 메타버스에서의 아바타의 말과 행동이 실제 다른 사람들에게 나쁜 영향을 줄 수 있다는 사실을 인식하고 윤리적으로 행동하는 것이 필요하다는 점을 시사합니다. 메타버스를 이용하는 아이에게 디지털 리터러시 교육이 필요한 이유라고 하겠습니다. 디지털 리터러시에 대한 부분은 뒤에서 상세하게 다루겠습니다.

메타버스에서의 아바타는 단순히 게임에서만 존재하는 캐릭터가 아닌 나를 대신하는 대리인의 개념으로 생각해야 합니다. 한 연구자는 "이전의 아바타는 현실의 나를 단순히 가상세계로 투영한 디지털 복제(digital twin)에 불과했다. 그러나 메타버스 속 아바타는 나의 다양한 성격(멀티 페르소나)을 가상세계로 투영할 뿐만 아니라 현실의 나로부터 책임과 의무, 권리를 위임받아 행동하는 대리인(agent)이다."라고 설명합니다.[5] 또한 그 이유를 메타버스가 단순한 오락공간이 아니고 현실세계와 같은 역할과 기능을 할 수 있기 때문이라고 설명합니다.

예를 들어 메타버스 안에서도 일상생활과 경제활동이 가능하다는 얘기입니다. 그렇다면 메타버스 안에서 살아가는 아바타도 현실세계의 나와 마찬가지로 사회적 의무와 책임을 수반해야 한다는 사실을 의미합니다. 최근 메타버스 공간에서 여성 아바타가 성추행을 당하는 사례가 보고된 적이 있습니다. 영국의 한 여성은 메타(페이스북)가 개발한 가상게임 호라이즌 월드에 들어갔다가 60초도 안 되어 3~4명의 남성 아바타들에게 언어적, 성적 희

롱을 당했다고 분통을 터뜨렸습니다.[6] 저항하는 자신의 아바타에 대고 "왜 그래? 너도 좋아하잖아?" 같은 메시지를 던지기도 했다며 개인 SNS에 당시 끔찍했던 상황을 밝혔습니다. 이 사건이 공론화되면서 메타는 이와 유사한 일들이 메타버스 공간에서 재발하지 않도록 대책을 마련하겠다고 밝히며 피해자에게 사과했습니다.

건강한 아바타를 만들기 위해서는 어떤 점들을 유의해야 할까요? 김상균 교수는 생물학적 기반과 인공지능 기반을 X축으로 일차적 자아와 분화된 자아를 Y축으로 아바타의 특성과 기술을 설명합니다.[7] 먼저 ① 현실세계의 나를 인공지능이 학습해서 만든 ② 가상인간이 있을 수 있습니다. 이 가상인간은 현재의 나의 모습과 거의 같습니다. 말투나 몸짓도 비슷합니다. 여기서 조금 더 발전하면, ③ 이 가상인간을 통해 가상세계에서 다양한 역할을 하게 할 수도 있습니다. 노래를 부르게 하거나 요리를 하는 것도 가능해집니다. 그리고 ④ 메타버스에서 활동하는 내가 만든 아바타도 있습니다. 이렇게 구분하면 현실세계 나와 아바타 사이의 관계와 멀티 페르소나를 구현하는 기술을 일목요연하게 살펴볼 수 있습니다. 먼저 가상인간을 만드는 기술이 있습니다. 가상인간을 만들기 위해서는 인공지능과 사진, 동영상 촬영, 3D 모델링 등의 기술이 필요합니다. 요즘은 인공지능 기술이 발전해서 2D로 찍은 사진만으로도 나의 실사 얼굴이 들어간 3D 아바타를 만들어 주기도 합니다.

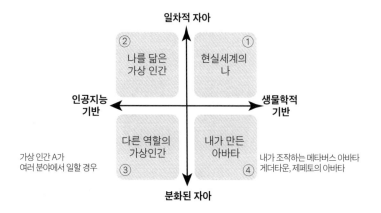

생물학적 나를 기준으로 분화된 네 종류의 인간
(출처: 김상균(2022), 메타버스 II의 그림을 재구성)

이렇게 나의 실제 모습을 반영한 아바타를 만드는 기술이 있는 반면, 나와 전혀 다른 모습의 아바타를 구현하는 방법도 있습니다. 제페토나 게더타운 같은 경우, 나와 전혀 다른 모습의 아바타를 만들어 활동할 수 있습니다. 또 다른 방법으로는 VR/AR 기기를 이용할 수가 있는데, 이때는 현실세계의 자아가 메타버스 공간에 아바타로 대체되어 표현되는 경우도 있고(VR), 현실세계의 자아 그대로 메타버스 공간에 혼합되어 나타나는 경우도 있습니다(AR). 메타의 오큘러스 퀘스트의 경우, 머리에 착용하면 메타버스에 들어가게 되고 자신의 아바타로 변한 모습을 보면서 여러 활동에 참여하게 됩니다. 메타버스 속의 '나', 한 마디로 신인류의 탄생입니다.

가상세계의 나는 정말 나일까?

인간과 기계의 대립을 그린 영화 「매트릭스」를 본 적이 있으신가요? 1999년부터 2003년까지 3부작(트릴로지) 시리즈로 요즘 세대는 잘 모를 수 있습니다. 다행히도 2021년 시리즈 4탄 「매트릭스: 리저렉션」이 개봉하면서 이야기를 이어갈 수 있게 되었습니다. 저는 당시 영화를 분석하면서 인간이 진짜라고 느낄 정도로 디지털 세상의 구현이 가능할 것인가에 대해 보고서를 쓴 적이 있습니다.

먼저 현실세계에 있는 '나'와 가상세계(영화에서는 매트릭스, 이 책에서는 메타버스)의 '나'는 같은 존재이지만 동시에 다른 존재이기도 합니다. 현실세계의 주인공은 인공지능(기계)과의 싸움에서

도망 다니는 존재지만, 가상세계의 주인공은 인공지능의 하수인인 에이전트들(agents)과 싸우기도 하고 초능력을 발휘하기도 합니다. 그렇다면 현실세계에서의 나와 디지털 세계에서의 나는 다른 존재일까요? 영화 속의 주인공들이 겪는 혼란처럼 진짜 나는 어느 쪽일까요?

"파란약을 먹으면 스토리는 여기서 끝난다. 침대에서 깨어나 네가 믿고 싶은 것을 믿게 돼."

"빨간약을 먹으면 이상한 나라에 남게 돼. 그리고 끝까지 가게 된다."

「매트릭스」 시리즈 1탄에 나오는 가장 중요한 대사입니다. 여러분은 어느 쪽을 선택하실 건가요? 완벽하고 행복한 가상세계를 선택하실 건가요? 불완전하고 때로는 불행하지만 그래도 내가 살고 있는 현실세계를 선택하실 건가요?

메타버스에서는 나를 대신하여 아바타가 말과 행동을 하게 됩니다. 물론 그 아바타를 말하고 행동하게 하는 것은 현실세계에 존재하는 '나'입니다. 이는 프랑스의 철학자 장 보드리야르(Jean Baudrillard)가 주장한 '시뮬라크르(Simulacre)'를 떠올리게 합니다.[8] 시뮬라크르는 원본을 모방한 모사품을 의미하는데, 이 모사품은 원본과 관련이 없는 또 다른 원본으로, 나아가 원본보다 더 원본 같은 것으로 존재하는 모사품을 말합니다. 좀 복잡하죠? 쉽게 설명하면, 캠벨 수프(Campbell Soup) 통조림을 일렬로 세워둔 팝아트 작품을 제작한 앤드 워홀(Andy Warhol)을 예로 들어 봅시다. 여기서는 캠벨 수프가 원본이고 워홀이 창작한 그림이 사본, 즉 시뮬라크르인데, 사람들은 원본은 안중에도 없고 워홀의 그림만 대단한 것으로 여기는 것이 시뮬라크르가 만들어낸 상황입니다.

메타버스에서 활동하다 보면, 가끔 길을 잃게 되는 경우가 발생합니다. 헨젤과 그레텔이 집으로 돌아오기 위해 흘린 빵조각을 숲의 동물들이 먹어버린 상황이 발생할 수 있는 겁니다. 메타버스에서 활동하는 아바타가 현실세계의 나보다 중요해지거나, 현실세계의 나를 부정하는 상황으로 이어지게 되면 돌아오는 길을 잃어버리게 되는 것과 같습니다. 비록 메타버스 세계를 그린 영화는 아니지만 「인셉션」에서처럼, 꿈속의 내가 진짜인지 꿈을 꾸는 내가 진짜인지 혼동하는 장자의 호접몽(胡蝶夢)처럼 말이죠.

그렇다면 현실세계에서도 메타버스에서도 잘 살아가는 방법은 무엇일까요? 저는 현실세계와 메타버스가 함께 공존하며 서로를 상호보완하는 모델을 제안하고 싶습니다. 현실세계의 나도, 메타버스의 나도 현재 나의 행복과 성장을 위해서 존재하기 때문에 성장하는 나에게 초점을 맞추는 것입니다. 아이와 함께 메타버스 아바타를 만들 때, 다음과 같은 부분을 유념하면 좋겠습니다.

메타버스에서 잘 살아가기 위해서는 현실세계의 나를 외면하고 도피하는 아바타를 만들기보다는 평소에 도전하고 싶었던 모습들을 표현하고 활동하도록 독려하는 것이 좋습니다. 아이들은 현실세계에서 하기 힘든 여러 가지 도전을 메타버스에서 시도해 보면서 만족감과 성취감을 느끼고 때로는 실패도 하면서 자신에 대해서 알아가고 성장하는 기회로 삼는 것입니다. 이런 경험들이 쌓여서 현실의 자아가 더욱 단단해지고 자존감이 높아지는 선순환 구조를 만드는 것입니다. 게임이나 메타버스에서 느낀 감정이 현실의 자아가 성장하는데 필요한 자양분이 될 수 있도록 지켜보며 도와주는 것이 필요합니다. 현실과 메타버스가 상보적으로 작동하도록, 그 가운데서 아이들 스스로가 주체적으로 판단하고 활동할 수 있도록 해주어야 합니다. 이 부분에 대해서는 뒤에서 상세하게 다루겠습니다.

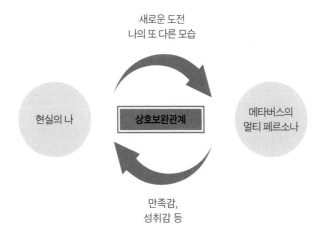

현실의 나와 메타버스의 멀티 페르소나와의 관계

현실의 나와 메타버스 속의 나의 상호관계가 건강해야 서로 시너지를 내며 발전할 수 있습니다. 꿈속에서 경험한 일들이 현실에서 새로운 도전을 할 수 있는 동력이 되고, 더불어 현실에서의 한계를 극복하기 위해 가상공간에서 그 가능성을 검증해보는 삶이 가능해집니다. 자녀가 미래를 계획하고 직업선택을 고민할 때, 가상세계에서 다양한 직업들을 경험해보는 것도 현실의 나에게 매우 중요한 경험치를 줍니다.

	특징	접속 방법	사례
1단계 메타버스	주로 고정된 공간에서 디스플레이를 통해 경험하는 메타버스	컴퓨터, 스마트폰, 게임기 등	제페토, 이프랜드, 마인크래프트, 로블록스, 게더타운, 각종 소셜 미디어, 배달 앱 등
2단계 메타버스	공간 제약 없이 이동하면서도 편하게 접근할 수 있는 메타버스	착용형 VR/AR 기기	VR챗, 메타 호라이즌, 팀즈용 메시, AR 글라스를 적용한 산업분야, 영화 「레디 플레이어 원」의 오아시스 등
3단계 메타버스	주로 고정된 공간에서 신경 연결을 통해 완벽한 실재감을 경험하는 메타버스	BCI기기를 단독으로 활용하거나 착용형 VR/AR 기기를 함께 사용	아직 대규모로 구현된 사례는 없으나 영화 「매트릭스」의 시스템과 유사

메타버스의 단계별 특징(출처: 김상균(2022). 메타버스 II)

이러한 메타버스를 구현하기 위해서는 가상세계를 구현하는 소프트웨어와 메타버스에 접속할 때 필요한 하드웨어가 모두 필요합니다. 특히 뇌와 컴퓨터를 연결하는 BCI 같은 인터페이스가 상용화되면 마우스나 키보드 없이 머리에 쓴 헤드셋의 전극을 통해 현실과 똑같은 활동이 가능해질 것입니다.● 결론적으로 김상균 교수는 메타버스의 기술 발전을 왼쪽 표와 같이 3단계로 제시합니다.

김상균 교수의 예측처럼 BCI 기술이 발전하여 생각으로 가상세계 속의 아바타를 자유롭게 조정하는 시대가 오게 될까요? 온다면 언제쯤 그 시기가 될까요? 두뇌로 메타버스에서 활동하는 시기가 되면, 우리 자녀에게 필요한 역량은 무엇일까요? 앞으로 펼쳐질 메타버스의 발전을 눈여겨보고, 어디까지 수용할 수 있을지 고민하며 선택할 수 있도록 준비해야 합니다. 기회를 만들어 아이들과 이런 문제를 토론해 보는 것이 필요합니다.

● BCI는 Brain Computer Interface의 약자로 사람의 두뇌와 컴퓨터를 연결한 '뇌-컴퓨터 인터페이스'를 말합니다.

로블록스에서 우리 만나자

디지털 지구인 메타버스는 온라인에서 구현된 세계이기 때문에 디지털 플랫폼이 필요합니다. 부모님들이 알고 계신 플랫폼에는 어떤 것들이 있나요? 플랫폼(platform)의 사전적 의미는 '역에서 기차를 타고 내리는 곳'입니다. 여기서 중요한 부분은 승객과 기차가 만나는 지점이며, 이 지점은 요금과 교통수단의 가치교환이 일어나는 곳입니다. 플랫폼은 더는 '이별의 부산 정거장'이 아니라 디지털 정보와 교류가 일어나는 무대입니다.

이런 의미를 디지털 세계로 옮겨오면, '온라인에서 생산과 소비 및 유통이 이루어지는 장(場)'으로 이해할 수 있습니다. 조금 더 설명하자면, 플랫폼 참여자들 간의 상호작용이 일어나서 서로에게 새로운 가치와 혜택을 제공해 줄 수 있는 곳이라고 말할 수 있습니다. 대표적으로 이런 SNS 플랫폼에는 메타나 카카오톡, 트위터 같은 것들이 있고, 애플이나 구글 서비스도 하나의 플랫폼으로 볼 수 있습니다. 특히 요즘 뜨거운 OTT 서비스를 제공하는 넷플릭스나 왓챠 같은 것들도 플랫폼이라고 볼 수 있습니다.●

메타버스도 이러한 디지털 플랫폼의 속성을 가지고 있습니다. 국내외에서 교육에 활용되는 대표적인 메타버스 플랫폼으로는 네이버에서 제작한 '제페토(Zepeto)'가 있습니다. 2018년에 출시된 제페토는 얼굴인식과 증강현실 등을 이용해서 나만의 3D 아바타를 만들 수 있습니다. 체형부터 키, 피부색 등을 다양하게 선택할 수 있으며 의상도 자유롭게 바꿀 수 있습니다. 이렇게 만들어진 아바타를 통해 가상공간에서 여러 활동을 할 수 있는데, SNS 기능도 있어서 상대방을 팔로우하거나 소통하는 것도 가능합니다. 요즘 대학가에서는 제페토 같은 곳에 학교 건물을 지어 입학식과 졸업식 같은 행사를 하는 일이 많아졌습니다. 이런 활동은 앞으로 점점 더 많아질 것으로 예상합니다.

제페토와 비슷한 국내 플랫폼 중에 이프랜드(ifland)도 있습니다. 제페토와 비슷한 기능이 제공되며, 이 안에서 강연이나 세미나, 팬미팅 등 여러 가지 모임도 가능합니다. 최근 SK텔레콤은 국

● OTT는 Over The Top의 약자로 기존 통신 및 방송사가 아닌 새로운 사업자가 인터넷으로 드라마나 영화 등 다양한 미디어 콘텐츠를 제공하는 서비스입니다.

립극장과 협력해 이프랜드에서 각종 문화행사가 가능한 '놀러와 국립극장' 랜드를 개관하기도 했습니다.

제페토에서 구현된 과학실험실(좌)과 이프랜드 세미나에 참석한 모습(우)

두 번째로 교육에서 활용 가능한 플랫폼은 로블록스(Roblox)입니다. 로블록스는 2006년에 출시된 게임 기반의 플랫폼인데, 이용자들이 만든 게임에 참여할 수 있고 스스로 게임도 만들 수 있습니다. 물론 자신이 만든 게임을 판매할 수도 있습니다. 이용자의 자유도가 매우 높아서 현실세계와 비슷한 협력이 일어납니다. 메타버스 플랫폼으로는 선두주자이기 때문에 교육 활용 사례도 많습니다. 로블록스 홈페이지에 가면, 교육에 적용할 수 있는 다양한 콘텐츠와 풍부한 자료 예시가 제공됩니다. 수업계획에 들어가 보면 코딩, 게임 디자인, 디지털 시민교육, 애니메이션 만들기, 역사 교육 등에 적용할 수 있는 기본 수업계획안이 제공됩니다.

세 번째로 살펴볼 플랫폼은 마인크래프트(Minecraft)입니다. 마인크래프트는 원래 샌드박스 게임으로 출시되었는데, 2016년

MS와 통합되면서 교육용 에디션도 출시하였습니다. 제 아들이 어렸을 때 마인크래프트를 하고 싶다고 조르기에 계정을 구매하여 지금도 즐겨 사용하고 있습니다. 저는 교회에서 중학생들을 가르치는데, 작년 코로나로 온라인 성경공부를 하면서 건축물을 만들고 개념을 설명하는 데 사용하기도 했습니다. 이 밖에 마인크래프트로 과학과 수학, 컴퓨터 과학, 디지털 시민권, 역사 같은 내용을 공부할 수 있고, 선생님들이 월드를 미리 만들고 학생들과 수업을 할 수도 있습니다. 제가 참여하는 교사연구회의 한 선생님은 마인크래프트 에듀케이터 그룹을 만들고 유튜브에 '스티브 코딩' 채널을 만들어서 운영하고 있습니다. 이 채널에 들어가면 마인크래프트를 교육에 어떻게 활용하고 있는지 한눈에 볼 수 있습니다.

마지막으로 살펴볼 플랫폼은 게더타운(Gathertown)입니다. 앞서 살펴본 세 가지 플랫폼은 3D 환경이 기반인데, 게더타운은 2D 환경이 기반입니다. 그래서 그래픽이 조금 단순해 보일 수 있습니다. 그러나 출시된 지 꽤 되었기 때문에 그간 누적된 이용자와 콘텐츠는 그 어떤 플랫폼보다 더 막강합니다. 게더타운은 주로 회의나 강의, 토의·토론 같은 활동에 많이 사용합니다. 2D 아바타를 조작하면서 웹캠과 마이크를 이용해서 실제 얼굴도 보여줄 수 있습니다. 제가 가르치고 있는 총신대학교에서도 게더타운을 이용해서 세미나를 진행하고, 학교 내 정원을 만들어 놓은 곳에서 기념촬영을 하기도 했습니다.

앞으로 메타버스에서 공부하고 생활하는 일이 많아질 것입니다. 아이들은 메타버스 공간에서 자신의 아바타를 만들어 친구들과 교류하고 함께 공부도 하는 일이 보다 자연스러워질 것입니다.

여기서 한 가지 주의할 사항이 있습니다. 메타버스를 이용하는 교육의 경우, 나이 제한을 확인하고 활용하도록 해야 한다는 겁니다. 지금까지 살펴본 메타버스 플랫폼들은 각각 사용할 수 있는 연령대가 다릅니다. 예를 들어 마인크래프트와 로블록스는 만 12세 이상부터 사용 가능합니다. 단 본문에서 설명한 마인크래프트 교육용 버전은 모든 나이에서 사용 가능합니다. 제페토는 14세 이상부터 사용할 수 있고, 14세 미만의 경우는 회원가입 시 법정 대리인의 동의가 필요하다고 안내하고 있습니다. 이프랜드는 나이 제한에 관한 안내가 없지만, 블로그 등에서는 만 12세 이상으로 나와 있습니다. 게더타운의 경우, 기본적으로 18세 미만의 이용을 금지하고 있습니다. 최근에는 교육용 메타버스 플랫폼도 개발되는 추세입니다. 앞으로 교육에 활용할 수 있는 안전한 메타버스 플랫폼이 개발되겠지만 당분간 부모님들의 관심과 주의가 필요합니다.

메타버스를 활용한 교육의 장은 계속 확산할 것으로 보입니다. 메타버스는 교육의 장을 마련해 주고 오프라인에서 모일 수 없는 상황에서도 서로의 소통이 가능하도록 해주었습니다. 오프라인에 모여서 입학식을 할 수 없게 되자, 학생들이 자발적으로 학교를 만들고 입학식을 개최한 것처럼 말이죠. 이 과정에서 학생들은 스스로 학사일정에 참여하게 되면서 자신들이 만든 창작물을 공유하고 함께 하는 장으로 만들었습니다. 자신들이 만든 공간에서 함께 즐기고 소통하게 되니 몰입도도 높고 공부의 열의도 생기는 것입니다. 한국교육학술정보원에서 발간한 보고서[9]에서는 메타버스의 특성과 교육에서의 장단점을 다음과 같이 제시합니다.

특성	장점	단점
새로운 사회적 소통의 공간	코로나19로 인한 학교 폐쇄의 경우에도 현실의 제약을 넘어 학생들의 사회적 연결이 가능하다.	타인과 관계 형성 시 현실세계의 상호작용보다 가벼운 유희 위주의 관계 형성이 이뤄질 수 있다. 다양한 개인정보 수집·처리에 따른 프라이버시 문제가 발생할 수 있다.
높은 자유도	콘텐츠 소비자에서 창작자로의 경험 제공을 통해 학습 과정에서 학생의 자율성 확대가 가능하다.	높은 자유도는 플랫폼 관리자가 이용자의 행위를 모두 예측할 수 없기 때문에 익명성이라는 특성에 의해 각종 범죄에 노출될 가능성이 있다.
가상화를 통한 높은 몰입도	시공간을 초월한 새로운 경험 제공을 통해 학생의 흥미와 몰입도를 높여 학습시 학생의 능동적 참여 확대가 가능하다.	정체성이 확립되지 않은 학생들에게 현실의 '나'에 대한 정체성 혼란이 오면서 현실 도피 및 현실세계에 부적응을 유발할 가능성이 있다.

메타버스의 특성과 교육에서의 장단점(출처: KERIS(2021), 메타버스의 교육적 활용)

앞으로 더 많은 메타버스 플랫폼이 출시될 것입니다. 책을 집필하는 동안에도 새로운 메타버스 플랫폼들이 출시되고 있어서 저도 당황스러울 정도입니다. 메타버스라는 개념 자체는 우리에게 어떤 이로움이나 해로움도 주지 못합니다. 그것을 어떻게 사용하는가에 따라서 약이 되기도 하고 독이 되기도 하죠. 메타버스에 대한 막연한 기대감이나 불안감보다는 아이의 성장에 어떻게 도움을 줄 수 있을지 고민해야 할 시점이 되었습니다. 특히 교육에 활용할 때는 어떤 플랫폼이 좋은지 비판적으로 바라보는 자세가 필요합니다.

내 자녀의 상사는
인공지능?

2001년 개봉한 스티븐 스필버그의 영화 「AI」는 인간과 똑같은 정서를 가진 인공지능 휴머노이드가 등장합니다. 사이버트로닉스사의 하비 박사는 인류 최초로 사랑의 감정을 느낄 수 있는 인공지능 로봇을 만들고 시판에 들어갑니다. 불치병에 걸려 식물인간이 된 친아들을 냉동기에 넣고 우울증에 빠진 아내를 위해 남편은 이 인공지능 로봇을 집에 가지고 옵니다. 인공지능 로봇은 아들의 빈자리를 채우고 친아들처럼 부부의 사랑을 듬뿍 받고 지냅니다. 그러나 아들은 기적적으로 완쾌되고 제 자리로 돌아온 '진짜 아들'은 인공지능 로봇을 밀어냅니다. 더 이상 로봇이 필요 없어진 부부는 로봇을 숲에 유기하고, 로봇은 도망가는 인간 엄마를 쫓아가며 울부짖습니다. "제가 사람이 아니라서 죄송해요, 제발 저를 버리지 마세요!"

　인공지능 기술은 오늘날 메타버스 뿐만 아니라 우리 삶의 전반에 영향을 미치고 있습니다. 영화처럼 인간의 목소리와 표정, 말투를 학습시킨 '디지털 휴먼'이라고 불리는 가상의 인간을 만들고 메타버스 공간에서 이용하는 사례가 늘고 있습니다. 메타버스가 만든 디지털 지구에서 활용되는 가장 강력한 도구는 인공지능이 될 것입니다. 그렇다면 인공지능은 무엇이고, 아이들은 얼마나 배워야 하는 걸까요? 이번 장에서는 아이들이 배워야 할 인공지능에 대해서 알아보도록 하겠습니다.

　인공지능이 뭘까요? 인공지능은 말 그대로 '인간이 만든(인공) 지능'입니다. 보통 지능이라고 하면 인간이 동물과 구분되는 고유한 능력이라고 보는데, 이런 지능에는 언어 구사 능력, 문제를 논리적으로 해결하는 능력, 추론하고 학습하는 능력 등이 포함됩니다. 물론 인간과 비슷한 지능을 보이는 동물들도 있지만, 그 수준과 능력에 있어 인간과 비교조차 되지 못합니다. 인공지능이 인간이 만든 지능이라면, 과연 그 지능은 어느 정도의 수준을 말하는 걸까요? 인공지능 교육 분야에서 가장 유명한 학자인 러셀(Stuart Russell)과 노빅(Peter Norvig)은 인간의 생각과 행동 측면에서 인공지능을 설명하고 있습니다. 지금은 '약한 인공지능(weak AI)' 시대로 인간이 짜놓은 모델에 의해 논리적 사고와 행동을 흉내 낼 수 있는 정도입니다. 예를 들어 알파고 같이 바둑 기보를 학습해서 바둑을 두는 지능을 갖는 것이죠. 사실 이것을 지능이라고 할 수 없다는 학자들도 있지만, 결과를 놓고 보면 인간이 하는 논리적인 사고와 행동을 따라 할 수 있다고 보시면 될 것 같습니다. 지금은 알파고 동생 격인 '알파고 제로'도 개발되었습니다. 알파고 제로는 바둑 두는 방법만 배웠는데도, 기존 알파고를 며칠 만에 이기는 놀라운 결과를 보여주고 있습니다.

'강한 인공지능(strong AI)'은 스스로 자신이 컴퓨터라는 사실을 알고 인간과 유사한 사고 및 의사결정을 할 수 있는 정도의 지능을 말합니다. 영화 「아이언 맨」에서 주인공 스타크를 돕는 인공지능 비서인 프라이데이가 여기에 해당합니다. 일부 학자들은

	약한 인공지능 weak AI	강한 인공지능 strong AI
생각 thinking	논리적 사고(thinking rationally) 계산 모델을 통해 지각, 추론, 행동 같은 정신적 능력을 갖춘 시스템 사고의 법칙 접근방식	인간과 같은 사고(thinking humanly) 인간과 유사한 사고 및 의사결정을 내릴 수 있는 시스템 인지 모델링 접근방식
행동 acting	논리적 행동(acting rationally) 계산 모델을 통해 지능적 행동을 하는 에이전트 시스템 합리적인 에이전트 접근방식	인간과 같은 행동(acting humanly) 인간의 지능을 필요로 하는 어떤 행동을 기계가 따라 할 수 있는 시스템 튜링 테스트 접근방식

강한 인공지능과 약한 인공지능의 비교
(출처: 러셀, 노빅(2016), 『인공지능의 현대적 접근방식』 3판)

강한 인공지능 시대는 오지 않을 것이라고 말하지만, 인공지능이 어디까지 발전할지는 사실 아무도 모르는 일입니다. 인공지능에 대해 막연한 기대를 하거나 반대로 막연한 두려움을 가지는 이유는 이처럼 우리가 인공지능의 미래에 대해서 아무것도 모르기 때문입니다.

이는 앨런 튜링(Alan Turing)도 마찬가지였습니다. 영국의 수학자이자 컴퓨터 과학자였던 튜링은 20대 초반에 쓴 논문에서 인공지능을 테스트할 수 있는 기준을 제시했습니다. 기계가 지능을 가졌다고 어떻게 판별할 수 있을까요? 튜링은 이 질문에 대한 해결책으로 소위 '튜링 테스트(Turing test)'를 제안합니다. 튜링 테스트는 방안에 칸막이가 있고 그 너머에 컴퓨터(A)와 사람(B)이 있다고 가정하고 여러분(C)이 문자로 대화를 나누면서 어느 쪽이 사람인지 컴퓨터인지 구분하는 것입니다. 전혀 구분할 수 없다면 사람 흉내를 낸 컴퓨터(A)는 인간과 유사한 지능을 가졌다고 보는 테스트입니다. 스마트폰에 있는 빅스비나 구글 어시스턴트, 애플의 시리 같은 음성 비서를 사용해보신 적이 있으신가요? 인공지능 비서와 대화를 나눌 때 인간처럼 느껴지나요, 아니면 기계가 답하는 것처럼 느껴지나요? 저는 아직 인간처럼 느껴지진 않는 거 같습니다. 하지만 향후 인공지능이 급격하게 발전한다면, 영화 「그녀」나 「엑스 마키나」처럼 인간이 인공지능과 사랑에 빠지게 될 날이 올지도 모르겠습니다.

인공지능에 대한 개념은 인공지능 기술의 발전에 따라 조금씩 변화하고 있는데, 2020년에 교육부에서 발표한 보고서[10]에서는 '사람의 지적 활동을 컴퓨터를 통해서 구현하는 기술'이라고 정의하고 있습니다. 최근 10년 사이 인공지능이 중요하게 여겨지는 이유는 학습과 추론, 예측, 자연어 처리 등의 분야에서 두각을 나타내고 있기 때문입니다. 이전까지 학습이나 추론 등은 인간의 고유한 능력으로 여겨졌는데, 이제 인공지능도 인간과 유사한 결과를 보여주고 있는 것입니다. 이러한 인공지능의 중요 활용 영역에 대한 정의는 아래와 같이 구분될 수 있습니다.[11]

영역	내용	예시
문제 해결	초기 상태에서 목표까지 가는 가장 효율적인 경로 찾는 것	체스, 바둑, 스도쿠 등 로봇팔 작업 완성, 자동차 내비게이션
추론	인간의 논리적 추론 과정을 컴퓨팅 모델로 시뮬레이션하는 것	기호적 인공지능 전문가 시스템, 챗봇 등
학습	데이터에서 일정한 패턴 및 모델을 찾아내어 사용하게 하는 분야	기계학습(딥러닝), 예측시스템, 데이터 마이닝 등
인식	사물을 분별하고 판단하는 것	컴퓨터 비전, 음성 인식 등 (딥러닝 적용)

인공지능의 중요 활용 영역
(출처: 김수환, 김현철 외.,(2020), K-12 학생 및 교사를 위한 인공지능 교육에 대한 고찰)

최근에는 데이터에 기반을 둔 기계학습(machine learning) 분야가 큰 발전을 이루었는데, 기계학습의 알고리즘 중 하나인 신경망(neural network)은 딥러닝(deep learning)이라는 방식을 이용하여 그동안 정체되어 있던 이미지와 표정 인식, 음성 인식, 자연어 처리 등의 분야에서 큰 성과를 내고 있습니다. 김진형 교수는 『AI 최강의 수업』에서 2016년 인공지능 학회에 참가한 연구자 350명을 대상으로 인공지능이 인간의 업무를 대체할 수 있는 시기를 투표에 부쳤다고 합니다.[12] 투표 결과 2024년에는 인공지능이 인간을 대신하여 번역 업무를 하게 될 것이며, 2026년에는 고교 에세이를 작성하고, 2049년에는 베스트셀러 소설을 집필하며, 2053년에는 외과 의사를 대신하여 수술을 진행하고, 심지어 2103년에는 인공지능이 인공지능을 연구하게 될 거라고 예상했습니다. 우리 자녀가 자라서 첫 직장에 출근했는데, 업무분장을 하는 상사가 인공지능이 될 가능성도 있는 겁니다.

이렇듯 인공지능의 발전은 인간과 기계의 경계를 모호하게 만들 것입니다. 인공지능 기술은 메타버스에도 적용되고 있는데, 메타버스 공간에서 활약하는 버추얼(가상) 인플루언서들이 그 사례입니다. 인공지능 기술로 인간의 모습을 본떠 만들고 춤을 추고 노래를 부르는 '로지(Rozy)' 같은 버추얼 인플루언서들이 속속 등장하고 있습니다. 2020년에 TV 광고로 데뷔한 로지는 최근 가수로 정식 데뷔한다는 기사가 발표되었습니다.[13] 메타버스에서는

인간과 인간의 상호작용뿐만 아니라 인간과 인공지능의 상호작용
도 활발하게 이루어질 것입니다. 얼마 전부터 인간과 인공지능 간
의 관계에 대한 연구와 법률 제정이 이루어지고 있는데 자녀들의
미래를 준비하는 차원에서 관심을 가지고 지켜보시기 바랍니다.

NFT와
블록체인 기술

2010년 5월, 미국 플로리다 주 잭슨빌에서 한 개발자가 게시판에 자신이 보유한 만 개의 비트코인과 피자 두 판을 교환하자는 글을 올렸습니다. 며칠간 몇몇 장난 섞인 댓글이 달리다가, 사흘 뒤 '저코스(jercos)'라는 계정을 가진 인물이 파파존스피자 두 판을 해당 개발자의 집에 보냈습니다. 그 대가로 저코스는 만 개의 비트코인을 받았습니다. 훗날 피자를 보낸 저코스가 18세의 제레미 스터디번트(Jeremy Sturdivant)였다는 사실이 알려졌습니다. 피자 두 판 값으로 만 개의 비트코인이 지불되었으니 피자 한 판이 2만 원이라고 가정했을 때 십여 년 전 비트코인 1개의 가격은 대략 4원에 불과했습니다. 그렇게 개당 4원에 불과하던 비트코인 가격이 천정부지로 치솟더니 2021년 초에는 국내 거래소에서 8,199만 4천 원을 찍기도 했습니다. 덕분에 암호화폐 광풍이라고 불러도 좋을 만큼 이제 이름만 대면 누구나 비트코인을 알 정도가 되었습니다. 국내 암호화폐는 주식시장의 시총을 가뿐히 뛰어넘기도 했습니다. 비트코인은 과연 무엇이고, 이것이 메타버스와 어떤 관련이 있을까요?

대표적인 메타버스 플랫폼인 로블록스는 로벅스(Robux)라는 화폐를 운영하고 있습니다. 로벅스는 플랫폼 안에서 사용할 수 있는 화폐인데, 주로 아바타를 꾸미거나 기타 물건들을 사는데 사용할 수 있습니다. 그리고 다른 사람들이 만들어 놓은 게임을 이용할 때에도 쓸 수 있습니다. 로벅스는 4.99달러에 400로벅스의 가치를 지니는데, 게임을 개발해서 사용자들이 로벅스로 지불하면 로벅스를 벌게 되고, 10만 로벅스가 쌓이면 실제 현금으로 뽑을 수도 있습니다. 쉽게 말해 메타버스 공간에서 화폐처럼 쓰입니다.

메타버스가 기존 플랫폼과 다른 점이 몇 가지 있는데, 그중 하나가 메타버스 안에서는 경제활동이 가능하다는 점입니다. 게다가 현실세계 화폐와 메타버스의 화폐 간의 변환이 가능합니다. 이런 현상은 현실세계의 현물과 가치에 돈을 지불하며 살아왔던 기성세대 문화와는 완전히 다릅니다. 저는 몇 년 전 온라인 가상세계 플랫폼의 원조라고 할 수 있는 세컨드 라이프(Second life)에 대한 다큐멘터리를 시청한 적이 있는데, 당시 한 사람이 자신의 자산(당시 한화로 약 7,000만 원)을 모두 세컨드 라이프 내의 건물을 사는데 투자했으며 그 건물의 공간을 분양해서 돈을 벌 수 있을 것으로 생각한다며 자랑삼아 이야기하는 것을 본 기억이 납니다. 당시에는 정말 저런 세상이 올까, 대체 저 사람은 무슨 생각으로 전 재산을 가상세계에 투자한 걸까 궁금했었습니다.

그런데 정말 그 사람이 꿈꾸던 그런 세상이 온 것입니다. 2021년에 메타버스 안에서 다양한 경제활동의 실험이 이루어졌는데, 제페토나 로블록스에서는 현실세계에서 유명한 브랜드인 구찌와 나이키, 컨버스 등 패션 브랜드들이 잇달아 가상 점포를 만들고 자사 제품들을 팔았습니다. 이는 더 이상 대기업들만의 비즈니스가 아닙니다. 메타버스 내의 수많은 창작자들이 자신의 아이템을 만들어서 팔게 될 것이고, 이를 공유하거나 판매하면서 수입을 얻게 될 것입니다.

그럼 메타버스 공간에서 무언가 만들어 팔 때 함께 사용되는 대표적인 기술은 무엇일까요? 바로 블록체인 기술입니다. '블록체인(blockchain)'이란 컴퓨터 프로그램으로 만든 암호 기술을 이용하여 설계한 블록(block)에 다양한 정보들을 담아 체인(chain)처럼 연결한 것을 말합니다. 이때 블록과 블록은 해시(hash)값이라는 끈으로 연결되는데, 해시값은 다양한 길이를 가진 복잡한 데이터를 정해진 알고리즘에 의해 고정된 길이를 가진 데이터로 저장한 값을 말합니다. 자동차든 TV든 모든 기기는 작동하기 위해 연료나 전기 등 에너지가 필요한 것처럼, 블록체인 역시 구동되기 위해서는 채굴자(miner)가 채굴(컴퓨터를 이용한 계산)을 통해 해시값보다 작은 목푯값을 찾아내는데 그 보상으로 코인이라는 암호화폐가 주어집니다. 이 일련의 과정을 우리는 '암호경제(cryptocurrency)'라 부릅니다.

이러한 블록체인 기술의 특성에는 네트워크에 참여한 이들이 함께 결정에 참여하는 합의성, 자신의 신분을 노출하지 않아도 되는 익명성, 그리고 한 번 이루어진 거래를 되돌릴 수 없는 불역성이 포함됩니다. 세계경제포럼은 2025년이면 블록체인으로 세금을 징수하는 정부가 등장할 것이고, 암호화폐가 법정통화와 함께 사용될 것으로 전망했습니다.[14] 특히 메타버스가 확대되면서 블록체인 상에서 만들어지는 대체불가토큰이 각광 받을 것입니다. 흔히 NFT라고 불리는 '대체불가토큰(Non-Fungible Token)'은 블록체인에 저장된 데이터로 다른 코인과 상호 교환할 수 없는 토큰을 말합니다. 최근에는 디지털 사진이나 비디오, 오디오 등 예술작품과 결합해서 수집품이나 상품으로 제작하는 데 쓰입니다.

NFT 역시 블록체인 기술로 만들어진 암호화폐이기 때문에 창작자(creator)나 구매자, 소유자의 정보가 기록되어 누구나 해당 창작물의 원본성(originality), 진위성(authenticity)을 확인할 수 있습니다. 이렇게 기록된 정보는 이론상으로 수정 및 변조, 삭제

할 수 없으므로 대체불가한, 자체만의 고유한 가치가 인정되는 것입니다. 고흐의 「별이 빛나는 밤에」 그림의 진위성은 「TV 진품명품쇼」에 나오는 전문가들의 꼼꼼한 감정이 필요하지만, NFT로 제작된 디지털 사진이나 영상은 블록에 기록된 정보만 보면 누가 만들었는지, 누가 팔았는지, 지금은 누가 소유하고 있는지 쉽게 알 수 있습니다.

이런 NFT는 예술작품이나 연예인, 스포츠 스타의 카드 같은 상품에도 활용되는데, 영화 「기생충」으로 유명해진 박소담 배우는 2022년 영화 「특송」의 홍보 수단으로 NFT 디지털 카드를 만들었다고 합니다. 선판매로 1,000개를 만들었는데, 단 1초 만에 모두 팔리는 진기록을 세웠고, 총 3,000여 개가 공개와 동시에 완판되었다고 합니다. 좋아하는 배우와 작품에 대한 애정을 넘어서 작품을 소장한다는 의미와 더불어 한정품이므로 가치가 상승할 것이라는 기대감이 함께 작용했다고 볼 수 있습니다.

여러분은 한정 수량의 디지털 창작물을 만들고 고유성을 부여해서 판매한다면 살 의향이 있나요? 앞으로 메타버스 공간에서 디지털 자산들은 NFT와 결합하면서 어떤 새로운 가치를 창출하게 될지 사뭇 기대됩니다. 저는 요즘 아이들이 그린 디지털 그림을 하나둘씩 모으고 있습니다. 그중에 좋은 작품이 있으면 NFT로 만들어서 팔아보려고요. 얼마 전에는 딸아이의 방에서 폴라로이드 사진 한 장을 보고 놀라서 "이거 뭐야?" 물어보니, 자기가 스마트폰 바탕화면에 쓰려고 아이패드로 그린 그림이라고 하더군요. 이런 창작물도 블록체인 상에 올려 NFT로 만들면 세상에 단 하나뿐인 작품으로 인증할 수 있습니다.

디지털 세상에서의 경제는 실제 사물과는 달리 디지털 공간에서만 사용할 수 있는 자산을 거래하게 됩니다. 사실 NFT도 실제 디지털 작품을 거래하는 것이 아니라 디지털 작품을 보증하는 파일을 거래하는 것입니다. 쉽게 말해 대체 불가능한 디지털로 만든 작품 증명서라고 보시면 됩니다.

혹자는 메타버스를 두고 '이미 온 미래'라고 말합니다. 메타버스는 아직 오지 않은 세상일 수 있지만, 이미 우리 곁에 존재하는 세상이기도 합니다. 미래를 준비하는 차원에서 아이들에게 글을

오픈씨에 올라온 네 살 아이(Seohan)의 NFT
(출처: https://opensea.io/seohan?tab=created8)

쓰듯이 자신의 창작물을 공유하고 판매하는 경험을 만들어 줄 수도 있습니다. 소프트웨어(SW)교육 네트워크 모임을 운영중인 송상수 선생님은 네 살배기 아들의 작품을 오픈씨(OpenSea)에 올리고 판매하는 작업을 하고 있습니다. 여러분들도 한 번 감상해 보세요.

오픈씨는 NFT를 거래하는 사이트인데, 앞서 사례로 얘기한 박소담 배우도 이곳에서 영화 디지털 카드를 판매했습니다. 혹시 자녀의 작품 중에 다른 사람들과 공유하고 싶은 것이 있다면 오픈씨에 공유하고 판매하는 경험을 해보게 하는 것은 어떨까요? 블록체인 상에서 건전한 디지털 경제활동을 경험하고 창작자로 작품을 판매하는 경험을 해보는 것도 자녀들에겐 아주 뜻깊은 추억이 될 것입니다.

메타 사피엔스의 하루

매년 「세계미래보고서」를 발간해 온 미래학자 박영숙 교수는 2022년 이후를 예측하면서 『메타 사피엔스가 온다』라는 책을 발간했습니다.[15] 이 책에서는 코로나 팬데믹이 미래사회를 20년 가까이 앞당겼다고 전제하면서, 상상력과 기술의 결합이 만들어낸 신세계를 메타버스라고 규정하고 그곳에서 살아갈 인류를 '메타 사피엔스(meta sapiens)'라고 명명합니다. 비슷한 개념으로 2022년 초 미국 라스베이거스에서 열린 국제전자제품박람회(CES)에서는 '메타버시안(metaversian)'이라는 신조어도 등장했습니다. 미국 소비자기술협회가 세계가 주목해야 할 기술 동향을 소개하면서 "메타버스는 생각보다 가깝고 우리의 물리적 현실과 떼려야 뗄 수 없는 관계가 될 것"이라고 강조하면서 메타버스에 진입하는 이용자들을 메타버시안이라고 불렀습니다.[16] 가상세계를 창작한 신인류의 또 다른 이름이라고 할 수 있습니다.

메타 사피엔스나 메타버시안까지 언급하지 않더라도 코로나 팬데믹으로 가속화된 사회의 변화는 우리나라에서도 메타버스의 도래를 앞당기고 있습니다. 대표적인 흐름으로 기업의 이벤트들을 메타버스에서 개최하는 경우를 꼽을 수 있습니다. 예전에는 유명 백화점이나 컨벤션센터에서 쇼케이스를 열던 대기업들이 이제는 제페토나 이프랜드, 게더타운 같은 플랫폼에서 신상품을 출시하는 판촉행사를 진행하거나 연말연시 프로모션 행사 등을 개최하고 있습니다. 이와 맞물려 메타버스에서 행사하는 것을 대행해 주는 이벤트 회사들도 생겨나고 있습니다.

특히 기업들은 오프라인 매장(brick-and-mortar store)을 런칭하는 것처럼 메타버스에도 자신들의 가게를 입점시키고 다양한 판촉활동을 벌이는 게 하나의 유행처럼 번지고 있습니다. 세계적인 아이스크림 업체 베스킨라빈스는 메타버스 상에 '베라 팩토리'를 만들고 다양한 이벤트를 개최하고 있습니다. 이미 젊은 세대를 중심으로 입소문이 나면서 큰 인기를 끌고 있습니다. 기업의 행사뿐만 아니라 정부나 관변단체 행사, 상담회나 설명회, 세미나 같은 행사도 진행되는데, 2021년 9월에는 서울대와 성균관대 등 6개 대학이 공동으로 주최한 채용박람회도 메타버스에서 열렸습니다.[17] 2021년 제주도에서 개최된 세계유산축전은 행사를 오프라인과 함께 메타버스 공간에서도 같이 열었습니다. 이제는 오프라인 행사뿐만 아니라 온라인 행사를 진행할 때는 메타버스에서 함께 개최되는 게 하나의 트렌드가 될 정도입니다.

제페토 월드에 생성된 베스킨라빈스 매장과 세계유산축전 행사

이제 대학교의 입시 설명회나 신입생 환영회, 교내 축제 같은 행사들도 메타버스에서도 함께 개최하는 것이 일상이 되는 것 같습니다. 최근 성균관대와 전남대는 메타버스에서 작품전시회를 열기도 했습니다. 2021년 12월 말까지 진행된 이 전시회에서는 대학생들이 직접 수업시간에 다양한 콘텐츠를 제작하고 메타버스에 전시관을 따로 만들었습니다.[18]

메타버스가 지금보다 더 가속화되고 일상화되면, 직접 사람과 만나거나 굳이 현실세계의 물리적 장소에 가지 않아도 소통이 가능하게 됩니다. 김상균 교수는 『메타버스II』에서 메타버스가 영향을 미칠 분야를 유통과 방송, 예술, 게임, 교육, 건축, 금융, 부동산, 의료, 제조, 교통, 코스메틱&패션, 식음료, MICE&관광, 광고의 영역으로 나누어 설명하고 있습니다. 여기서 MICE는 모임(Meeting)과 포상 여행(Incentive Travel), 집회(Convention), 전시(Exhibition)의 머리글자를 딴 두문자어입니다. 메타버스가 이처럼 시공간의 한계를 극복하게 되면서 앞으로 비즈니스 회의나 컨벤션 같은 장거리 이동은 감소할 것입니다. 또한 시공간을 초월한 다양한 여행상품도 등장하게 되며, 여행기록이나 일정 따위를 메타버스에 기록해 주는 서비스도 등장한다고 합니다.

봉우리가 있으면 골짜기도 있는 법입니다. 메타버스가 가져올 미래 역시 긍정적인 면도 있지만 부정적인 면도 있습니다. 2009년에 개봉한 영화「써로게이트」를 보면, 아바타가 현실의 삶을 대체한 디스토피아적 미래사회를 그리고 있습니다. 대부분의 사람들은 집에서 아바타를 조종하는 베드에 누워 생활하고 자신을 대신한 로봇 아바타를 회사에 출근시키거나 친구를 만납니다. 실제 세상을 활보하고 다니는 존재는 모두가 인간이 아닌 써로게이트 로봇에 불과하고 진짜 인간을 만날 일도, 인간과 직접 사랑을 나눌 일도 없습니다. 인간은 그저 이름만 남아있을 뿐 모두가 아바타 뒤에 숨어서 진정한 자기 정체성을 부정하는 삶에 매몰되어 있습니다.

비록 메타버스를 그리고 있는 영화는 아니지만, 메타버스가 충분히 가져올 수 있는 어두운 미래의 단면을 보여주는 사례라고 생각합니다. 이에 박영숙 교수는 메타버스가 30년 전의 웹처럼 판도를 바꿀 수 있다고 말하면서 인류가 더 나은 메타버스를 만들기 위한 노력을 함께 경주해야 한다고 말합니다. 이어 메타 사피엔스가 살게 되는 가상공간은 초기 인터넷처럼 포르노나 가짜 뉴스(fake news), 사기(scam) 등 부정적인 현상들을 정제하고 규제 및 관리하여 더 좋은 세상을 만들기 위한 인공지능 메타버스로 거듭나야 한다고 말합니다. 이를 위해 소피아 DAO와 같은 비영리조직이 필요하다고 말합니다.● 소피아 DAO는 휴머노이드 로봇 소피아의 영감과 아이디어, 진정한 지혜를 차용하여 메타버스 세계가 법과 질서에 따라 정제되도록 하는 역할을 수행하는 조직으로 만들고 있다고 합니다.[19]

앞서 언급한 것처럼 메타바스는 제2의 르네상스를 꽃피우는

● DAO는 Decentralized Autonomous Organization의 약자로 탈중앙화 자율조직을 말하며 메타버스와 블록체인 생태계에서 요구되는 거버넌스의 형태로 꼽힙니다.

매개체가 될 것입니다. 제2의 르네상스가 열리면 여러분은 어떻게 살고 싶은가요? 어떤 아바타를 만들어서 어떤 경험을 하고 싶으신가요? 메타버스를 건전하게 활용하는 작은 경험들이 쌓여서 건전한 메타버스 문화를 만들 수 있습니다. 자녀와 함께 제페토에 있는 롯데월드를 미리 방문해보고, 휴일 계획을 세워보는 등의 활동은 건강한 메타버스 문화를 경험하는 하나의 주춧돌이 될 것입니다.

메타버스가 몰고 올 직업의 변화

1990년 폴 베호벤 감독의 영화 「토탈리콜」에는 2084년 미래에 인간 대신 인공지능 로봇이 운전하는 자율주행택시가 등장합니다. 로봇은 승객을 응대하고 원하는 목적지까지 편안한 드라이브를 약속합니다. 인공지능이 탑재되어 있어 승객과 가벼운 대화도 가능하고 인간처럼 꽉 막힌 도로를 보고 짜증 내거나 승객이 던진 유머에 껄껄 웃을 수도 있습니다. 당시 영화를 볼 때만 해도 과연 저런 세상이 언제쯤 펼쳐질까 반신반의했는데, 오늘날 사물인터넷(IoT)이 탑재된 자율주행차가 실제 도로주행 실험을 하고 곧 시장에 보급된다고 하니 기술이 몰고 올 변화가 세상을 얼마나 바꾸어 놓는지 상전벽해를 실감하게 됩니다. 그러면서도 트럭

운전사와 택시운전사들은 앞으로 실업자가 되겠다는 생각에 등골이 서늘해졌습니다.

본격적으로 메타버스 시대가 도래하면 실생활에서 과연 어떤 직업이 살아남을까요? 미래사회에 대한 예측에서 일자리 변화는 자녀의 미래에 직접적인 영향을 줄 수 있습니다. 전문가들은 미래사회를 움직일 가장 중요한 변화로 인공지능과 기후변화, 팬데믹 같은 요인을 꼽습니다. 김재인 교수는 『뉴노멀의 철학』에서 뉴노멀 시대의 변화는 위와 같은 요인으로 '뉴노멀의 철학'이 요구된다고 합니다.[20] '뉴노멀(new nomal)'이란 2008년 전 세계를 강타했던 글로벌 금융위기 이후 사회를 지배하는 새로운 경제 질서를 의미합니다. 지난 2019년 말 2020년 초 발생한 코로나19의 세계적 대유행으로 뉴노멀의 의미가 더욱 확장되었습니다.

새로운 세계질서 아래에서 우리가 반드시 알아야 할 뉴노멀의 철학은 무엇일까요? 뉴노멀 시대는 우리가 일상이라고 생각했던 것들, 이를테면 학생들이 학교에 가고 어른들이 직장에 출근하며 주말이면 여가를 즐기거나 종교 생활을 하는 것들이 더 이상 정상적인(노멀) 것이 아니라는 인식을 가르쳐 줍니다. 코로나19 대유행이 2년을 넘어선 현시점에서는 주변을 둘러보세요. 위드 코로나와 함께 완화되기는 했지만, 어디를 가나 마스크를 쓰고 다니는 게 당연하고, 음식점이나 사람들이 모이는 곳에는 일정 인원만 가능하며, 학교도 가지 못하는 상황이 수시로 발생하는 것이 도리어 정상(노멀)이고 일상이라는 것입니다.

　이런 일상이 반복되면 아이들의 미래도 불확실하고 불투명해질 것이고 결국 아이들은 불안해할 것입니다. 자신의 꿈과 비전이 급격한 사회의 변화로 인해 무가치한 것으로 끝나버리지 않을까 노심초사합니다. 심지어 한 치 앞도 내다볼 수 없는 미래를 관망하거나 아무런 계획도 세우지 않는 구경꾼의 자세를 취하기도 합니다. 결국 뉴노멀 시대를 맞이하는 아이가 어떤 직업을 선택할지 부모들 역시 진지하게 고민해야 합니다. 아이의 미래와 가장 밀접한 일자리의 변화를 살펴보면서 메타버스 시대를 예측해 봅시다.

　지금도 여러 책이나 방송에서 인용되고 있는 옥스퍼드 대학교의 프레이(Carl Benedikt Frey)와 오스본(Michael Osborne) 교수의 「고용의 미래」라는 보고서[21]에서는 앞으로 20년 이내 컴퓨터 기술의 발전으로 현재 인간이 담당하는 직업의 47% 정도가 70% 이상의 확률로 사라질 것으로 예측합니다. 이 보고서가 나온 게 2013년이니 앞으로 10여 년의 모습을 예측한 것으로 볼 수 있습니다. 학자들은 일자리의 변화를 얘기하면서 사라지는 직업군도 있지만 도리어 새롭게 생겨날 직업군도 있기에 미래를 너무 비관적으로 바라보지 않는 것이 좋다고 말합니다. 여러 이야기 속에서 부모로서 알아야 할 부분은 사라질 직업군의 대부분은 컴퓨터를 통한 자동화가 가능한 영역이라는 것입니다.

2021년 발표된 맥킨지 보고서[22]에 따르면, 가뜩이나 유동성이 많은 직업 시장이 코로나19가 닥치며 그 변화가 가속되었는데, 원격근무 및 가상 상호작용, 전자상거래, 자동화와 AI도입이 가장 큰 요인이며, 이를 통해 저임금, 저교육층 근로자의 일자리가 사라질 것이라고 예측하고 있습니다. 이런 예측에 의하면, 8개 나라에서 약 1억 명에 해당하는 근로자가 당장 직업을 바꿔야 할 것이라고 경고하고 있습니다. 이 보고서 역시 앞서 살펴본 프레이와 오스본 교수의 보고서 결론과 비슷하다고 볼 수 있습니다.

소프트웨어정책연구소에서 발행한 배규식 위원의 2021년 보고서[23]를 살펴보면, 미국의 일자리 중에서 인공지능에 의해 자동화될 고위험군 직업을 살펴볼 수 있습니다. 10가지 직업군의 자동화될 위험 정도가 90%가 넘는데, 잘 살펴보면 대부분 인간의 개입을 최소화할 수 있는 직업군들입니다. 이렇게 직업군이 변하는 이유는 바로 4차 산업혁명이 도래했기 때문입니다. 2016년 스위스 다보스에서 열린 세계경제포럼(WEF)에서 클라우스 슈밥(Klaus Schwab)이 거론한 '4차 산업혁명'이라는 말은 전 세계 기술과 산업의 판도를 획기적으로 바꾸어 놓았습니다. 그는 4차 산업혁명이 이전 산업혁명과 달리 물리 세계와 생물 세계, 그리고 디지털 세계를 융합시키는 유례없는 기술 혁신이 일어날 거로 전망했습니다. 이어 4차 산업혁명을 주도할 기술로 인공지능과 빅데이터, 클라우드 컴퓨팅, 사물인터넷 등을 꼽았습니다.

순위	직업군	자동화 위험도(%)
1	판매계산원(Cashier)	97
2	비서직과 행정보조직(Secretaries and Admin. Assistants)	96
3	사무원 일반(Office Clerks, General)	96
4	접수원과 안내직(Receptionists and Information Clerk)	96
5	운동장 유지 관리원(Ground Maintenance Workers)	95
6	음식점/주점종업원(Waiters and Waitresses)	94
7	회계사와 감리사(Accountants and Auditors)	94
8	소매판매직(Retail Sales Persons)	92
9	다른 모든 생산직 노동자(Production Workers, All Other)	92
10	부동산중개인, 판매대행자(Real Estate Brokers & Sales Agents)	91.5
11	건설기능직(Construction Laborers)	88
12	식품 준비 노동자(Food Preparation Workers)	87
13	기능직, 화물, 재고, 물품이송직(Laborers and freight, stock, and material movers)	85
14	판매직, 도매직, 생산직(Sales, Wholesale & Manufacturing)	85
15	요리사(Cooks)	81

자동화될 고위험군 중 다수 노동자 직업(미국)
(출처: Broady, Booth-Bell, J. Coupet(2021. 2.), "Race and Jobs at Risk of Being Automated in the age of Covid-19, The Hamilton Project", 배규식(2021)에서 재인용)

메타버스가 이런 기술들과 결합하면 실제세계에서 일어나는 혁명과 비교될 수 없는 '새로운 물결(nouvelle vague)'이 다양한 형태로 밀려들 것입니다. 앨빈 토플러(Alvin Toffler)는 일찍이 기술의 혁신을 하나의 노도(怒濤), 즉 '물결'에 비유했습니다. 우리나라 정부도 '디지털 뉴딜 2.0' 정책을 발표하면서 2025년까지 49조 원 이상을 투입하여 산업과 일자리 창출을 도모하고 있습니다. 산업의 판도가 디지털 환경으로 완전히 바뀌는 디지털 대전환은 경제 분야뿐만 아니라 사회 전반에 폭풍 같은 혁신과 혁명을 가져올 것입니다.

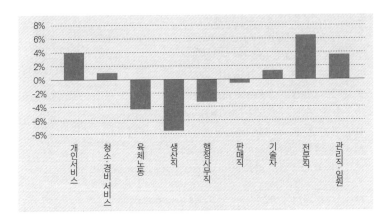

1980년~2015년 임금수준에 따른 직업별 고용의 변화
(출처: 배규식(2021). 디지털 전환과 노동 보고서에서 인용)

디지털 대전환 시대는 도표에서 보는 것처럼 중간 숙련에 해당하는 직업군의 고용은 줄어들고 저임금과 고임금의 직업고용은 늘어 일자리의 양극화가 진행되고 있다는 것을 보여줍니다. 앞으로 디지털 기술을 활용한 플랫폼 사업은 더욱 증가할 것입니다. 여러분이 알고 있는 네이버나 카카오톡 같은 포털 플랫폼부터 배달, 택시 등의 특정 분야에서도 디지털 플랫폼과의 연계 산업이 생활 전반에 걸쳐 확장하고 있습니다. 이런 디지털 플랫폼

산업의 성장은 코로나19로 인해 재택근무가 확산되면서 더욱 가속화되었습니다. 일하는 상황과 환경이 바뀌면서 단순한 과업들은 더욱 자동화에 맡겨질 것이고, 보다 분석적이고 고도의 문제해결 능력을 요구하는 과업들이 늘어나게 될 것입니다.

전문성의 주기도 짧아져 대학 때 배운 지식과 기술만으로는 살아남을 수 없게 될 것입니다. 하버드대학의 새뮤얼 아브스만 (Samuel Arbesman)은 『지식의 반감기』에서 우리가 현재 가진 지식의 절반은 조만간 무의미해진다고 주장했습니다.[24] 과거의 지식이 시간이 지남에 따라 반 토막 나는 현상을 두고 지식의 반감기(half-life of knowledge)라고 불렀습니다. 그는 응용수학과 역사, 진화생물학, 언어학 및 인지과학, 천문학에 이르기까지 여러 분야의 자료들을 토대로 반감기를 조사했는데, 경제학은 9.4년, 수학은 9.2년, 종교학은 8.8년, 심리학과 역사학은 7.1년이라고 밝혔습니다. 그러니 대학 신입생으로 들어가 교수로부터 과거의 지식을 배워 졸업할 때쯤에는 반 토막 난 지식을 갖게 되는 '웃픈' 현실이 만들어지는 겁니다. 인재론과 조직론의 세계적인 권위자인 린다 그래튼(Lynda Gratton)은 『초예측』에서 이런 현상을 '대학(공부)-직업-평생직장'이라는 과거의 사이클이 깨지고 '공부-직업-공부-직업'과 같은 평생공부와 이직의 사이클이 그 자리를 대신할 거라고 말합니다.[25]

메타버스는 현실세계의 모든 환경이 디지털 세상으로 이주하는 것에 창작자의 상상력까지 더해지기 때문에 일자리 변화에 새로운 판도를 예고합니다. 점점 메타버스가 창출할 새로운 직업군도 생겨나고 있습니다. 메타버스의 특징에 따라 다음과 같은 직업군이 나타날 것입니다.[26]

1) 메타버스 건축가: 가상세계에서 공간을 설계하는 일을 하는 직업으로 컴퓨터 그래픽을 다룰 수 있는 것뿐만 아니라 세계관을 가지고 목적에 맞게 구성하고 제작할 줄 알아야 합니다.

2) 메타버스 창작자: 메타버스 내에서 사용하는 다양한 창작물을 제작하는 직업으로 현실세계에서도 집이 있으면 집안에 가구나 물건이 필요한 것처럼 메타버스 공간에서 사용하는 다양한 물건(의류 포함)을 창작하는 일을 합니다.

3) 아바타 디자이너: 이용자들이 메타버스 공간에서 자신을 대신할 아바타를 제작하는데 도움을 주는 직업으로 메타버스 플랫폼에서 제공하는 기본 포맷 이외에 이용자들이 원하는 맞춤형 아바타를 제작하기 위해 인간을 이해하고 이용자들의 니즈를 파악하는 인문학적 소양도 필요합니다.

4) XR 콘텐츠 기획자: 가상세계(VR)와 증강현실(AR), 혼합현실(MR)을 통칭하는 용어로 'XR'이라고 하는데, XR 콘텐츠 스토리를 구성하고 구현하기 위한 과정을 기획하는 기획자

가 필요합니다.

5) 이외에도 맞춤형 게임 프로그래머, 공연 미디어 전문가, 융복합 콘텐츠 창작자 등이 있을 수 있습니다.

메타버스 시대에는 자신의 아이디어를 표현하고 구현할 수 있는 창작 능력과 창작한 사물과 공간에 의미를 부여하고 스토리를 입힐 수 있는 인문학적인 역량이 동시에 필요합니다. 이렇게 미래사회의 인재상이 변하면서 산업계가 요구하는 역량도 덩달아 변하고 있습니다. 우리나라 산업은 전통적으로 제조업이 강세였습니다. 그간 제조업 중에서 국제적으로 선도하는 분야로는 철강, 선박, 반도체, 자동차와 같은 산업이 있습니다. 이런 분야는 전통적인 산업혁명 사회의 인재상을 요구했습니다. 그런데 4차 산업혁명과 메타버스가 결합하는 시대에는 이러한 인재상이 변하게 될 겁니다. 대표적인 인터넷 취업 사이트 잡코리아에서 2019년 대기업의 인재상을 조사해서 발표했는데, 가장 중요한 역량으로 '변화와 혁신' '창의' '열정' '도전' '전문성' 등을 꼽았습니다.[27] 기존의 인재상이 요구했던 해당 분야의 전문성이나 성실성보다는 전에 없던 새로운 아이디어를 창발적으로 생각해내고 그것을 구체적으로 구현할 수 있는 능력이 있는지 본다는 것이지요.

이런 현상은 우리나라뿐만 아니라 세계적인 기업에서도 비슷하게 나타납니다. 구글은 입사 인터뷰에서 괴짜 같은 질문을 하는 것으로 유명한데, 2019년 인재 채용과 관리 프로그램을 맡은 카일 유윙(Kyle Ewing)은 한 언론과의 인터뷰에서 '구글러(googler)'가 되기 위해 지원자가 '위험을 감행할 수 있는(risk taking)' 능력이 있는지를 제일 먼저 본다고 밝혔습니다.[28] 실패를 두려워하지 않고 도전하는 것과 실패를 통해서 배우는 것이 한 기업의 미래를 설계하는 데 중요한 덕목이라는 이야기입니다.

우리가 살펴보고 있는 메타버스 시대도 마찬가지입니다. 메타버스 공간에 들어서서 아바타를 만들고 꾸미는 순간부터 모든 것을 스스로 결정하고 행동해야 합니다. 오늘 자녀와 아바타 이름 짓기를 주제로 대화를 나누는 건 어떨까요? MIT의 미첼 레스닉(Mitchel Resnick) 교수가 만든 스크래치 교육 프로그램의 첫 번째 주제가 'About me' 입니다.[29] 저는 2012년부터 미국 MIT에서 개최하는 스크래치 콘퍼런스에 참석하는데, 2014년에 참석했을 때, 아이들의 발표를 본 적이 있습니다. 어린이가 나와서 발표를 하는데, 자신이 만든 스토리를 자신있게 발표하고 어른들은 손뼉치며 즐거워하고 격려했던 기억이 납니다. 아이들의 작품 자체는 정말 간단하고 기본적인 기능만 사용했지만, 당시 중요한 것은 아이들이 자신이 만든 작품에 의미를 부여하고 자랑스럽게 발표하는 모습 자체였습니다. 미래의 직업 전환을 걱정하기보다 작은 부분부터 자녀와 메타버스를 통한 대화를 이어가는 건 어떨까요?

part II
메타버스 시대의
학교교육

"향후 5년 내에 우리는 사람들이 페이스북을 주로 소셜미디어 회사로
보는 상황에서 메타버스 회사로 보는 상황으로 효과적으로 전환할 것이다."
- 마크 저커버그(Mark Zuckerberg) -

메타버스를 탄 MZ세대

　요즘엔 생일이 하루만 달라도 세대 차이가 난다는 우스갯소리가 있다고 하네요. 특히 요즘 젊은이들을 MZ세대라고 하는데요. MZ세대는 M(뉴 밀레니엄인 2000년대에 20세가 된)세대와 Z(1997~2012년 사이에 태어난 X, Y세대 이후)세대가 합쳐진 용어입니다. 요즘은 MZ세대를 통합해서 경제 트렌드나 문화를 설명하는데, 사실 두 세대는 비슷하면서도 다른 특징을 가지고 있습니다. 밀레니얼 세대는 최초로 글로벌 세대이자 인터넷 시대를 맞이한 첫 세대입니다. 이런 이유로 '디지털 네이티브(원주민)'라고 불리죠. 반면 Z세대는 X세대와 Y세대의 부모에게서 태어난 세대로 모바일기기에 익숙하며, SNS가 일상이 된 세대입니다. 혹자는 Z세대를 진정한 디지털 네이티브 세대라고 말합니다. Z세대는 소셜미디어, 기술 및 사이버 폭력이 자신의 세대에 가장 큰 영향을 미칠 것으로 생각하고 있습니다.[30]

Z세대의 특징은 몇 가지로 요약될 수 있는데요.[31] 첫째, 온라인에서 참여와 소통 능력이 전 세대보다 뛰어납니다. Z세대는 소셜미디어 이용이 활발하게 이루어지고 스마트폰이 등장한 시대에 태어났기 때문에 온라인으로 소통하는 것이 굉장히 자연스럽습니다. 둘째, 기술과 감각을 중시합니다. 이전 세대보다 기술에 능통하며 감각을 중요시하고, 자신만의 고유한 경험을 만들고자 합니다. 셋째, 자신의 개성과 주장이 뚜렷합니다. Z세대의 가치관과 주장은 또래나 소셜 인플루언서의 영향을 받는 경우가 많고, 기술에 대해서도 다른 세대보다 뛰어난 영향력을 가지고 있습니다. 또한 자신의 신념에 따라 사람은 모두 평등하다고 생각하는 경향이 있습니다. 자연스럽게 사회적인 이슈에 민감하며 자신의 의견을 표출하는 데 적극적입니다.

이런 특징이 사회의 문화를 형성하거나 경제 트렌드를 좌우하기도 합니다. 예를 들어 미국 인구의 약 4분의 1이 Z세대라고 합니다. 이 말은 Z세대의 마음을 사로잡으면 제품이나 서비스가 성공할 수도 있다는 걸 의미합니다. 실제로 가전이나 의류, 장난감, 게임, 스포츠용품을 제작하고 판매하는 기업의 경우, MZ세대를 공략하는 제품라인을 따로 기획하기도 합니다. 최근 딜로이트 인

사이트에서 발간한 보고서[32]에 따르면, MZ세대의 가장 큰 관심사는 '건강과 고용, 환경'이라고 합니다. 이 보고서에서는 현재 MZ세대가 일하기 원하는 기업은 이익 추구라는 단순한 목표를 넘어 자신과 가치를 공유하고 조직의 구성원으로서 사회적 변화를 만들어낼 수 있는 힘을 느끼게 해주는 곳이라고 합니다. 또한 우리가 사는 지구에 대해 더욱 책임감 있게 행동하고, 그 이익과 혜택이 나와 우리 가족에게만 국한되지 않고 전 세계인에게 이어져야 하며, 어디에서나 평등이 실현되는 미래를 원한다고 합니다.

이렇게 MZ세대는 이전 세대와 뚜렷한 특징을 보이는데, 이런 특징의 근원은 소셜미디어와 인터넷 사용이 자유롭기 때문입니다. 예전에는 의견을 교환하고 무언가 결정하고 합의하려면 만나야 하고, 많은 시간이 필요했는데, 지금은 온라인에서 만나 SNS 투표 기능을 이용해서 바로 의견을 수렴하는 등의 과정이 자연스럽게 일어납니다. 이는 디지털 민주주의(digital democracy)와 거버넌스(governance)에도 긍정적인 영향력을 미칠 수 있습니다. 개인이나 특정 집단이 세력을 독점하고 발언권을 지배하던 시대에서는 상상할 수 없는 대의민주주의가 MZ세대 덕분에 인터넷이라는 공간에서 연출되고 있는 겁니다.

메타버스 시대에는 모든 것이 디지털 지구에서 펼쳐집니다. 디지털 환경에서 소통하고 생활하게 됩니다. 이는 먼 미래가 아닙니다. 아이들은 이미 디지털 지구에서 많은 부분을 생활하고 있습니다. 2021년 서울연구원의 발표에 따르면, MZ세대의 다음 세대를 알파(alpha)세대라고 하는데, 4~6세 아이 중 71%는 평균 1시간 넘게 미디어를 접한다고 합니다.[33] 이제 디지털 지구로의 이주는 돌이킬 수 없는 상황이 되었습니다. 상황이 이렇다 보니 요즘 아이들은 모든 것을 디지털 패러다임 안에서 사고하고 행동합니다. 아이들은 이미 스마트폰으로 모바일게임을 하며 세상을 읽히고, 디지털 지구에서 영향력이 큰 크리에이터나 웹툰 작가, 프로게이머 등의 직업을 선호합니다. MZ세대와 알파세대의 특성에 맞는 교육이 필요하고 미래 세대의 생활양식에 따라 다양한 제도와 시설들을 마련해야 합니다. 예를 들면 요즘 아이들은 모르는 것이 있으면 다음이나 네이버 등 포털사이트가 제공하는 검색엔진보다 유튜브에서 찾는 경향이 높아지고 있다고 합니다. 문제는 유튜브가 바른 지식을 전해주기도 하지만, 때로 편향적인 지식을 전달하기도 한다는 점입니다. 따라서 미래 세대의 특징을 이해하고 안전하고 좋은 환경을 만들어주는 안전장치가 필요합니다.

메타버스에서 교육 환경을 만들어주는 것도 마찬가지입니다. MZ세대는 인터넷과 모바일기기에 익숙하므로 메타버스에서 학습하는 것도 곧잘 합니다. 새 술은 새 부대에 담아야 한다고 새로운 교육 환경에서는 새로운 교육방법이 필요합니다. 최근 교육계에서도 메타버스를 활용한 다양한 교육방법을 시도하고 있는데,

부산시 교육청에서 발간한「교육에서의 메타버스 가이드북」에서는 메타버스의 필수 구성요소로 나(Me)와 세계(World)와 세계관, 자유도와 경험을 제시하고 있습니다.[34] 또한 메타버스 안에서 교육하는 목표를 '실재하는 학습자의 교육적 성장'이라고 말합니다. 여기서 중요한 점이 있는데, 메타버스의 목표는 가상공간에서의 삶과 놀이, 만족 그 자체에서 머무를 수 있지만, 교육에서의 메타버스의 목표는 반드시 실재하는 학습자의 교육적 성장으로 귀결되어야 한다는 것입니다.

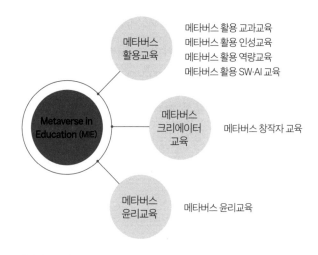

메타버스에서의 교육 유형(출처: 부산시 교육청(2021), 교육에서의 메타버스 가이드북)

메타버스 시대와 다중지능

아이들을 빛깔로 표현한다면 어떻게 나타낼 수 있을까요? 저에겐 두 명의 자녀가 있는데, 같은 부모에서 태어났지만 어쩜 그렇게 다른지 모르겠습니다. 첫째 아들은 차가운 블루라면, 둘째 딸은 밝은 옐로우로 표현할 수 있을 것 같습니다. 사실 아이를 하나의 색깔로 표현하는 것도 어불성설일지 모릅니다. 사람은 원색이 아니라 여러 색이 다채롭게 펼쳐진 스펙트럼에 가깝다고 느껴지니까요. 보통 일반인이 볼 수 있는 색깔은 약 100만 가지라고 합니다. 전문가들은 이보다 더 많은 색을 볼 수 있는데, 테트라크로맷(tetrachromat)은 선천적으로 1억 가지의 색을 구분할 수 있다고 합니다.● 호주 화가인 콘세타 안티코(Concetta Antico)가 대표적인 사람이라고 합니다. 그녀가 그린 패션후르츠 그림이 있습니다. 아래의 큐알 코드를 찍어 감상해 보세요.

이처럼 다양한 색이 존재하는데, 저를 포함하여 부모 대부분은 자녀를 단 몇 가지 색으로만 한정해서 범주화하는 것 같습니다. 공부 잘 하는 아이, 그림 잘 그리는 아이, 노래 잘 부르는 아이, 운동 잘 하는 아이 등등…. 사실 이렇게 몇 가지로 범주화해서 바라보면 총천연색인 아이들을 단지 흑백사진으로 보는 것과 같습니다. 조물주가 우리에게 부여한 재능을 탤런트(talent)라고 한다면, 저는 모든 아이가 각자의 다양한 재능들을 타고 난다고 믿습니다. 그리고 그 재능은 현 교육체제에서 다 담을 수 없을 만큼 무한하고 다양하다고 믿습니다.

이렇게 다채로운 재능의 측면에서 아이들을 보자고 주장

● 테트라크로맷: 색깔을 구분하는 정상인의 원추세포는 적(赤/R), 녹(綠/G), 청(靑/B) 세 개인 트리크로맷(trichromat)인 반면, 테트라크로맷은 유전적으로 네 개의 원추세포를 갖고 있다고 합니다. 2010년 영국 뉴캐슬대학의 신경학자 가브리엘레 조던(Gabriele Jordan) 박사는 색을 인식하는 원추세포 유전자가 X염색체에만 존재하기 때문에 테트라크로맷은 여성 중에서만 존재한다고 가정하고 20여 년의 연구 끝에 실제 영국 북부에서 의사로 활동하는 테트라크로맷 여성(cDa29)을 발견했다고 밝혔습니다.

한 사람이 미국 하버드대학의 심리학자 하워드 가드너(Howard Gardner)입니다. 그는 개인이 다양한 얼굴을 갖고 태어나듯 지능도 다양하게 갖고 태어난다는 소위 '다중지능(multiple intelligence)' 이론을 제창했습니다. 가드너는 다중지능을 구성하는 상호 독립적인 여덟 가지 능력에는 언어지능과 논리-수학지능, 시각-공간지능, 음악지능, 신체-운동지능, 대인지능, 자기성찰지능, 자연친화지능이 있으며, 각 개인은 이러한 여러 가지 능력에서 서로 다른 강점과 약점을 가지고 있다고 보았습니다. 따라서 단순히 IQ테스트로 논리-수학지능만 확인하는 건 인간의 지능을 매우 협소하게 이해하는 처사라고 비판했죠. 과학자에게는 당연히 물리적 현상을 수학 공식으로 풀어내는 수학지능이 중요하겠지만, 매일 바다로 물고기를 잡으러 나가는 뉴질랜드 원주민에게는 별자리를 보고 방향과 위치를 파악하는 시각-공간지능이 중요할 것입니다.

메타버스 시대를 맞아 다중지능 이론은 더 많은 분야에서 지지를 받고 있습니다. 인간이 가진 지능을 단순히 수학적 논리로 환원하지 않고 정량화되지 않는 다양한 가치들의 지능이 있다는 사실만으로 메타버스의 가능성이 무궁무진하니까요. 아이가 각자의 재능을 모두 꽃피울 수 없을지 몰라도 각자가 잘하는 부분이 하나씩은 있으며 메타버스 세계에서는 그 어떤 지능도 소외되거나 무시받지 않습니다. 부모로서 아이가 어떤 지능에 강점이 있는지를 찾아주고 개발하도록 도와주어야 한다는 가드너의 이론은 그래서 매우 중요하다고 생각합니다.

그렇다면 다중지능에는 어떤 것들이 있으며, 이 지능이 메타버스 시대에 어떻게 적용될 수 있을까요? 가드너는 아이들이 발휘할 수 있는 지능을 다음과 같이 여덟 가지로 제시하고 있습니다.

언어지능 linguistic-verbal intelligence	언어를 효과적으로 구사하는 능력으로 변호사, 작가, 시인, 교육자, 코미디언, 연설자의 지능
논리-수학지능 logical-mathematical intelligence	수학적 계산, 논리적 사고 등에 관련된 능력으로 수학자, 과학자, 엔지니어, 논리학자의 지능
시각-공간지능 visual-spatial intelligence	시각적 및 공간적 세계를 정확하게 지각하는 능력으로 건축가, 조종사, 항해사, 체스 선수, 외과의, 조각사의 지능
음악지능 musical intelligence	음악에 관련된 능력으로 지휘자, 가수, 음향 기사, 음악가, 음악 교육자 등
신체-운동지능 bodily-kinesthetic intelligence	신체적 활동에 관련된 능력으로 운동선수, 발레리나, 연기자, 외과의, 장인, 발명가, 정비사 및 기타 기술 전문가의 지능
대인지능 interpersonal intelligence	타인과 조화롭게 지낼 수 있는 능력으로 교육자, 치료사, 상담 전문가, 정치가, 판매원, 종교 지도자의 지능
자기성찰지능 intrapersonal intelligence	자신의 가치에 대해 파악하고 이에 기초하여 잘 행동할 수 있는 능력으로 철학자, 이론가, 작가, 과학자의 지능
자연친화지능 naturalistic intelligence	사물을 구별하고 분류하는 능력과 자연을 관찰하고 특징적인 것을 발견해낼 수 있는 능력으로 자연 과학 및 사회 과학자, 시인, 예술가의 지능

하워드 가드너의 다중지능

가드너는 1993년에 9번째 지능으로 영성지능(spritual intelligence)을 추가합니다. 현재는 실존지능(existential intelligence)으로 불리는데 인간 존재의 이유, 삶과 죽음의 문제, 희로애락, 인간의 본성 등 철학적이고 종교적인 사고를 할 수 있는 능력을 말합니다.

사실 이 구분도 정확하거나 맞지 않는 경우도 많습니다. 아이들은 몇 가지 지능이 동시에 높게 나타나기도 합니다. 제 아들은 언어지능, 자연친화지능 등이 뛰어난 것 같고, 딸은 음악지능, 대인지능이 상대적으로 높은 것 같습니다. 제가 초등학교 교사 시절에 아이들의 다중지능을 측정하고 다양한 지능을 자극하도록 수업을 설계했던 때가 있었습니다. 당시 제가 믿었던 신념은 다중지능 이론의 정확성이 아니라 아이들의 다양성과 각자의 재능이 다르다는 것을 인정하고 찾아주는 것이 중요하다는 계발적(啓發的) 접근이었습니다.

기독교 세계관에서 보면, 아이는 모두 하나님의 자녀입니다. 하나님의 자녀는 하나님의 뜻에 따라 각자의 달란트가 주어진 존재입니다. 영어로 선물(gift)이라는 단어의 두 번째 뜻은 재능, 재주의 달란트의 의미가 있습니다. 그렇기에 우리는 모두 '선물을 받은(gifted)' 존재입니다. 부모의 역할은 아이의 달란트를 찾아주는 것, 아니 스스로 찾도록 조력하는 것이라 할 수 있습니다. 자녀를 바라볼 때 지능이 높은지, 시험을 잘 볼 수 있는지, 좋은 대학에 들어갈 수 있는지 따위로 평가하지 말고 어떤 재능을 가지고 태어났는지, 그것을 어떻게 꽃피우게 할 것인지를 고민하고 지원해 주면 어떨까요?

조물주가 우리에게 원하는 것은 아이가 가지고 태어난 씨앗을 세상에서 꽃피울 수 있도록 물을 주고 환경을 만들어주는 것이라 생각하며 아이를 믿어주고 지지해주고 기다려주면 좋겠습니다. 아이가 추운 겨울을 이기고 꽃을 피우는 매화처럼 자라나도록 말입니다.

메타버스 아이들, 정체성과 주도성을 찾다

메타버스는 현실세계와 가상세계가 공존하고 연계되는 세상입니다. 현실세계가 가상세계에 영향을 미치고 그 반대의 경우도 마찬가지입니다. 메타버스는 경제와 산업 전반뿐만 아니라 직업시장에도 유례없는 지각변동을 일으킬 것입니다. 당연히 메타버스 시대가 열리면 그에 걸맞은 인재가 필요하게 됩니다. 메타버스 시대의 인재는 4차 산업혁명 시대나 인공지능 시대의 인재상과 비슷합니다. 이번 장에서는 메타버스의 특징을 살펴보면서 필요한 인재상을 알아봅시다.

고선영 문화체육관광부 주무관은 「메타버스의 개념과 발전 방향」에서 메타버스가 기존의 SNS나 게임, 온라인 커뮤니티 등과 다

른 점을 '5C'로 제시하였습니다.[35]

먼저 '세계관(Canon)'이 있습니다. 메타버스도 엄연히 하나의 세계이기 때문에 세계관이 담겨 있습니다. 메타버스 시공간은 설계자와 참여자들에 의해 채워지고 확장합니다. 특히 MZ세대는 수동적인 이용자가 아니라 같이 즐기고 생산하고 확산까지 하는 능동적 사용자들입니다. 토플러가 말한 프로슈머(prosumer)들이지요.

둘째로는 '창작자(Creator)'가 있습니다. 메타버스에서는 누구나 콘텐츠를 만들 수 있습니다. 메타버스는 디지털 콘텐츠로 구현된 세상이고, 누구나 콘텐츠 창작을 통해 메타버스 세계를 확장하고 구축할 수 있기 때문입니다. 메타버스의 참여자는 창작자이자 동시에 이용자입니다.

셋째, '디지털통화(Currency)'가 있습니다. 메타버스 안에서는 다양한 콘텐츠 제작을 통해 생산과 소비가 가능하고 데이터(정보) 주권을 통해 수익을 거둘 수 있습니다. 이를 위해서 가상세계에서 통용되는 디지털화폐가 필요합니다. 현재 가상세계의 통화는 가상세계 안에서 소비되는 사이버머니지만, 가상세계의 발전과 더불어 실물 경제 영역에서도 영향력을 가지게 될 것으로 예상한다고 합니다. 이미 크립토소셜미디어(cryptosocial media)로 불리는 여러 플랫폼에서는 암호화폐를 통용시키고 있으며, 디센트럴랜드(Decentraland) 같은 메타버스 세계에서는 마나(MANA)

라는 암호화폐가 쓰이고 있습니다.

넷째, '일상의 연장(Continuity)' 입니다. 메타버스는 일상의 연속성을 보장합니다. 즉 메타버스에서 일어나는 일상생활, 여가, 경제 활동 등이 단지 스위치를 끄면 사라지는 일회적인 것이 아니라 히스토리가 있는 지속적인 행위라는 것입니다. 이는 현실의 개인과 메타버스 속 '아바타'가 상호 작용한 결과로 가상세계와 현실세계의 이용자는 서로 영향을 주고받는다고 보았습니다.

다섯째, '연결(Connectivity)' 입니다. 메타버스는 시공간을 연결하고, 서로 다른 메타버스 세계를 연결하며, 사람과 사람(아바

메타버스의 특징	관련 개념	필요한 역할 및 역량
세계관 Canon	시공간, 설계자, 참여자 등	책임감, 주도성, 창의성 등
창작자 Creator	디지털 콘텐츠, 창작자, 사용자 등	창의성, 주도성, 책임감 등
디지털 통화 Currency	생산, 소비, 디지털화폐 등	책임감, 능동성 등
일상의 연장 Continuity	일상, 여가, 학습, 상호영향 등	주도성, 상호작용성, 문제해결력 등
연결 Connectivity	현실, 가상, 아바타, 공유, 확장 등	책임자, 능동자, 협업자, 상호작용성 등

메타버스 시대에 필요한 인재의 역량
(출처: 김수향, 문미경(2021)이 제시한 학습자 정체성을 재구성함)

타)들을 연결합니다. 가상세계를 통해 시공간을 초월해 인류가 쌓은 정보와 지식을 공유하며 새로운 세계를 창조하고 확장해 나갈 수 있다는 것입니다. 이 연결은 단순히 SNS 플랫폼상의 연결을 넘어 사회와 경제, 문화가 하나로 되는 진정한 지구촌을 구현해주며, 나아가 현실세계와 가상세계를 연결하여 무한한 유형과 무형의 가치를 만들어 내게 됩니다.

이런 특징은 메타버스 시대에 필요한 인재상과도 연결됩니다.[36] 메타버스의 시작과 끝은 '세계관'인데, 아이 스스로 자신의 가치관이나 세계관이 없다면 현실세계와 가상세계가 혼재된 세상 속에서 중심을 잡고 살아가기가 힘들 것이기 때문입니다.

앞서도 언급했지만, 제페토나 로블록스를 하게 될 때 누구나 시작단계에서 자신의 '아바타'를 설정해야 합니다. 처음부터 세상에 자신을 어떻게 드러낼지 자아정체성에 대해 고민해야 한다는 뜻입니다. 아무렇게나 하는 것 같아도 모든 아바타에는 자신의 정체성이 드러나기 마련입니다. 그 정체성은 가상세계에서 어떤 존재로 살아갈지 스스로 결심하는 세계관이기도 합니다. 혹시 자녀들이 제페토나 로블록스, 마인크래프트를 하고 있다면, 아바타를 어떻게 꾸몄는지 살펴보는 것도 자녀의 마음을 이해하는 데 도움이 될 것입니다.

유네스코에서 제시하는 21세기 기술은 기초 문해 능력, 역량, 인성 자질의 3가지 영역으로 나타납니다. 기초 문해 능력은 문해,

수학, 과학문해, ICT문해, 재정문해, 문화 및 시민문해로 구성되며, 이런 문해력은 아이가 일상생활에서 자신이 배운 지식을 적용하는 과정에서 응용됩니다. 반면 역량은 비판적 사고·문제해결, 창의성, 의사소통, 협력으로 구성되며 아이가 복잡한 도전과제에 대처하는 상황에서 발휘됩니다. 인성 자질은 창의성, 주도성, 일관성·도전정신, 적응력, 리더십, 과학 및 문화로 구성되며, 아이가 변화하는 환경에서 자신의 의지와 태도를 유지하고 사회에 기여하는 과정에서 나타나게 됩니다.

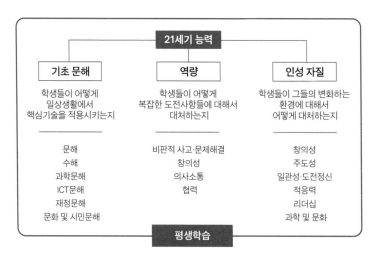

21세기 인재에게 요구되는 능력
(출처: 유네스코 한국위원회)

이런 기준은 아이의 지적능력뿐만 아니라 실제 상황에서 발휘되는 역량이 중요하며, 특히 올바른 인성을 갖춘 아이로 키워야 한다는 지향점을 잘 보여줍니다. 이런 균형 잡힌 목표는 OECD 2030 학습 프레임워크[37]에서도 잘 드러납니다. OECD에서는 미래 아이들에게 필요한 교육 프레임을 개발하여 제시했는데, 「2030 미래교육 나침반」이라고 명명하여 미래 아이들을 위한 교육의 지향점을 보여줍니다. OECD는 미래교육에 대한 지향점을 중요한 시기에 연구하고 발표하는데, 기존의 DeSeCo 프로젝트의 목표는 '개인과 사회의 성공(Success)'이었다면, 이번 프레임워크의 목표는 '개인과 사회의 웰빙(well-being)'입니다. 가장 중요한 역량으로 '변혁적 역량(Transformative Competencies)'을 제시하면서 새로운 가치 창출하기(Creating New Value), 긴장과 딜레마에 대처하기(Reconciling Tensions & Dilemmas), 책임감 갖기(Taking Responsibility)의 세 가지 하위요소가 필요하다고 제시합니다. 이런 변혁적 역량은 예측·기대(Anticipation), 행동·실행(Action), 반추·숙고(Reflection)의 'A-A-R 싸이클'을 통해서 길러질 수 있다고 합니다.

메타버스를 활용하기 위해 아이에게 꼭 필요한 것은 자아에 대한 인식입니다. 이 자아정체성과 관련된 개념 중에서 종종 듣게 되는 단어가 '페르소나(persona)'입니다. 페르소나는 고대 그리스 가면극에서 배우들이 썼던 가면(mask)을 말합니다. 오늘날 심리학에서 사용하는 페르소나의 개념은 '타인에게 파악되는 자아' 혹은 '자아가 사회적 지위나 가치관에 의해 타인에게 투사된 성격'의 의미로 사용합니다. 쉽게 설명하면 사회에서 살아가면서 다른 사람들에 의해 보이는 모습, 사회적 이미지라고 생각하시면 됩니다. 현대인들은 누구나 자신의 본래 모습이 아닌 어느 정도 가꾸어지고 꾸며진 모습으로 살아갑니다. 메타버스에서는 이런 자신을 여러 페르소나로 표현할 수 있습니다. 마치 영화나 드라마의 배역에 따라 다른 모습을 보이는 것처럼, 의사도 되었다가 군인도 되었다가 하는 거죠. 메타버스에서 여러분이 선택할 페르소나는 어떤 것인지요? 그리고 자녀가 선택할 페르소나는 어떤 것일까요?

결국 메타버스 세계에서 살아가려면 아이는 스스로의 모습과 능력에 대한 자존감과 더불어 자아정체성, 나아가 자기효능감을 확립해야 하며, 현실세계와 가상세계에서 어떤 모습으로 어떻게 잘 살아갈지(웰빙) 주도적으로 결정해야 합니다. 그래서 평소 아이가 스스로 삶을 성찰하고 선택하여 사회에 어떤 이바지를 할 수 있는지 고민하고 실천하는 힘을 길러주어야 합니다.

메타버스가 가져온
교실 혁명

영화 「교실 안의 야크」를 본 적이 있습니다. 우리나라에선 보기 드문 부탄 영화인데요. 세계에서 행복지수가 1위인 부탄의 수도 팀부에서 초보 교사로 있던 주인공 유겐은 학교 시스템에 적응하지 못하고 호주로 이민 가서 가수가 될 꿈만 꿉니다. 교사가되는 걸 마치 몸에 맞지 않는 옷을 입는 것처럼 불편하게 느낄 때쯤, 그는 히말라야 산맥 4,800m 고지에 있는 산간벽지 루나나의 한 학교로 발령을 받습니다. 정말 이번이 마지막이라는 개인적다짐이 죽어도 가고 싶지 않았던 그의 발걸음을 떼게 했습니다. 그러나 그가 이민 가기 전에 잠깐 들르려고 했던 시골 학교는 교사로서 그에게 많은 생각 거리를 던져 줍니다. 칠판조차 없이 흙

담 벽으로 지은 거의 쓰러져가는 교실에는 배움에 갈증이 가득한, 때 묻지 않은 순수한 어린 영혼들이 초롱초롱한 눈을 하고서는 도시에서 온 젊은 교사를 온몸으로 반깁니다.

만약 한국의 학부모들이 다 부서진 책걸상에 제대로 된 교과서나 교육자료도 없이, 교실 뒤에서는 야크가 되새김질하고, 아이들은 변변한 사칙연산 한 번 제대로 배워보지 않은 학교를 본다면, 아마 기겁을 할 겁니다. 오늘도 각종 전형의 이점과 대학 가기 좋은 학군을 따지며 할 수만 있다면 위장전입까지 서슴지 않는 우리나라 극성 학부모들의 기준에서는 영화가 그리는 부탄의 시골 학교는 한참 함량 미달이니까요. 어쩌면 21세기에 그 존재조차 의심스러운 히말라야의 교실을 바라보며 선진국과 개발도상국 사이의 이러한 교육적 격차는 도시와 시골의 격차보다도 뛰어넘을 수 없는 거대한 장벽처럼 느껴질지 모릅니다.

그런데 부탄의 시골 학교도 선진국 도시와 동일한 교육을 받을 수 있는 길이 있다면 어떻겠습니까? 어쩌면 메타버스가 가져올 교육 혁명이 이를 가능하게 할 수 있을지 모릅니다. 스마트 클래스룸이 부탄에 도입된다면, (물론 전기가 먼저 들어가야겠지요. 영화에서는 태양열만 이용하기 때문에 전기를 제대로 사용할 수 없는 환경입니다.) 교실 안의 야크가 교실 안의 태블릿으로 바뀌는 건 하루아침에 일어날 수도 있는 기적일지 모릅니다. 아니 굳이 멀리 갈 것도 없습니다. 요즘 많이 활용하는 줌(ZOOM)으로 수업을 진행하면

히말라야 고산지대의 아이들도 도시 아이들과 같은 교육의 혜택을 받을 수 있을 겁니다. 이처럼 교실 혁명은 교육 혁명입니다. 교실이 바뀌면 교육이 바뀝니다. 교실 혁명은 단순히 디지털 기기 몇 개를 바꾸는 수준이 아니라 미래의 교육을 완전히 바꾸어 놓을 것입니다.

그런 점에서 교실 혁명은 이미 시작되었는지도 모릅니다. 우리는 가장 먼저 스마트 클래스룸(smart classroom)를 생각해 볼 수 있습니다. 스마트 클래스룸이란 정보통신(IT) 기술을 통해 교사와 학생이 쌍방향(interactive) 소통을 할 수 있도록 웹캠과 태블릿, 디지털패드와 노트북, 컴퓨터 등 첨단 디지털 장비를 갖춘 미래형 교실을 말합니다. 학생과 교사에서부터 교보재와 교구까지 물리적 공간이 사물인터넷으로 연결되면서 교실이 통째로 하나의 살아있는 컴퓨터가 되는 겁니다. 스마트 클래스룸에서는 가상현실과 증강현실을 이용하여 교사와 학생이 상호 교류할 수 있는 수업이 가능하기 때문에 학생들이 히말라야 오지에 있든 도시 한복판에 있든 상관없이 얼마든지 양질의 수업을 받을 수 있습니다.

구글은 그 미래의 가치를 알아보고 일찌감치 스마트 클래스룸 사업에 뛰어들었습니다. 교사의 데스크톱에 학생들의 디지털 교과서를 연동시키면 구글 워크스페이스 하나로 교실 안에서 이뤄지는 모든 교육을 공유할 수 있게 된 것이죠. 교사는 학생들의 편차와 능력, 관심에 따라 다양한 진도를 설정할 수 있고 개별적으로 과제를 줄 수도 있습니다. 시험이나 평가 역시 스마트 클래스룸을 통해 학생들의 학업성취도를 판정할 수 있기 때문에 재래의 교실에서 일어날 수 있는 여러 번거로운 문제들을 한꺼번에 해결할 수 있습니다. 가상현실과 증강현실 기술을 활용하여 교사가 시청각자료를 다양한 방식으로 제시할 수도 있어서 기존의 교실에서 말과 칠판으로 이루어지던 단선적인 교육의 형태가 획기적으로 바뀔 겁니다.

두 번째, 하이브리드 교실(hybrid classroom)이 이뤄질 수 있습니다. '혼합'이라는 의미의 하이브리드 교실은 온라인에 있는 학생들과 오프라인에 있는 학생들이 함께 공부하는 환경에서 구현될 수 있습니다. 전 세계를 강타한 코로나19가 학교에도 영향을 주면서 교실에 출석하는 아이들과 집에서 온라인으로 실시간 접속하는 아이들 상황에서 그 어느 때보다 하이브리드 교실이 절실해졌습니다. 하이브리드 교육 환경은 웹캠이라고 하는 작은 카메라를 이용하여 온라인 학습에 참여할 수 있고, 서로의 목소리를 전달하는 마이크로도 참여가 가능합니다. 시판 중인 노트북이나 스마트패드 같은 기기를 활용한다면 카메라와 마이크를 따로 구매할 필요도 없습니다. 기본적인 웹캠과 마이크만 있어도 하이브리드 교육 환경을 만들 수 있기 때문이죠.

앞으로 하이브리드 교실은 일반화될 것이며 더 나아가 하이브리드와 '유연하다'는 뜻의 플렉서블(flexible)이 합쳐진 하이플렉스 교실(hyflex classroom)도 이루어질 가능성이 있습니다. 하이플렉스 교실은 2005년 샌프란시스코주립대의 브라이언 비티(Brian Beatty) 교수가 만든 개념으로 대면교육과 온라인교육, 비(非)실시간 온라인교육 중 원하는 수업을 선택하는 방식입니다. 기본적으로 교사는 강의실과 온라인 학습 환경 모두에 적합한 콘텐츠를 준비해야 합니다. 학생이 대면 환경이나 컴퓨터를 통한 원격 환경에서, 또는 녹화가 가능한 경우 녹화를 시청함으로써 어떤 방식으로든 동일한 학습 결과를 가져올 수 있는 수업에 참여할 수 있습니다. 하이플렉스 교실을 통해 학생들의 참여를 늘리고 교육 효율성도 증가시킬 수 있습니다. 학생과 교사는 단순히 녹화된 강의를 보는 것 이상으로 더 많은 인간적 교류가 가능하기 때문에 능동적인 참여를 할 수 있고, 교사는 추가적인 도움이 필요한 학생에게 더 많은 지원을 할 수 있게 됩니다.

존 카우치(John Couch)와 제이슨 타운(Jason Towne)은 『교실이 없는 시대가 온다』에서 디지털 네이티브에게는 콘텐츠 전문가보다는 맥락 전문가 역할을 하는 교사가 필요하다고 말합니다.[38] 디지털 네이티브들의 맥락으로 확실히 들어가서 왜 그런지 이유를 알고자 하는 학생들을 충족시켜줄 수 있는 안내자와 촉진자가 되어야 한다는 것입니다. 이런 주장은 뒤쪽에서 설명할 미첼 레스닉 교수가 제시하는 미래 교사의 역할과도 일맥상통합니다. 학생들에게 동기를 부여하면 스스로 배우고자 계속해서 학습에 몰두하게 됩니다. 메타버스가 도입되면 교육 환경은 변하게 될 것이고, 교사와 학생들의 역할도 변화하게 될 것입니다.

HMD를 쓰고
과거로 역사 여행을

메타버스가 교실에 도입되면 어떻게 될까요? 전문가마다 의견이 조금씩 다르긴 하지만 저는 앞서 소개한 「레디 플레이어 원」과 같은 세상이 펼쳐질 것이라고 예상합니다. 영화에서는 현실세계와는 다른 가상세계에서 아바타의 모습으로 살아가는 사람들의 모습이 등장합니다. 가상세계에서는 상상하는 모든 것이 가능하기 때문에 자신이 원하는 모습으로 꾸미고 상상의 장소에 현실과는 다른 생활을 할 수 있습니다. 영화에서는 가상세계의 시스템에서도 자본주의가 그대로 적용되어 아이템을 돈을 주고 삽니다. 현실세계의 시스템이 메타버스에서도 그대로 작동하는 거죠. 결국에는 현실세계 대부분의 활동이 가상세계에서도 가능하게 될 것이고, 더 나아가 현실세계에서 불가능한 것들까지 가상세계에서는 가능하게 될 것입니다.

교육도 마찬가지입니다. 메타버스로 인해 이전 교육에서 가능했던 것들이 가상세계에서 하나씩 가능해질 것이며, 장차 현실세계에서 불가능한 것들까지 가상의 교실에서는 가능해질 것입니다. 교육에 있어서 시공간의 확장은 메타버스에서 학습하는 아이들의 시간과 장소가 자유로워지는 현상으로 생각해 볼 수 있습니다. 한국교육개발원에서 제작한 미래학교의 모습을 살펴보면 아마 이해가 바로 될 겁니다. 자세한 사항은 유튜브에서 'KEDI 미래학교'를 검색하시면 됩니다.

아이들이 메타버스에서 학습활동을 하게 되면 어떤 현상이 벌어질까요? 아이들은 교실 전면 디스플레이에 나타난 시간대와 공간을 자유롭게 넘나들게 될 것이며, 머리에 쓰는 HMD(Head mounted display)를 통해 게임과 같은 VR 콘텐츠를 사용하며 재미있게 학습할 수 있게 될 것입니다. 마음만 먹으면 고려 시대로 역사 여행도 떠날 수 있고, 유럽의 르네상스 미술작품도 마음껏 관람할 수 있게 될 것입니다. 어디 그뿐입니까? 명화 모나리자를 오마주한 작품을 그릴 수도 있고, 반 고흐가 걸었던 파리 뒷골목을 함께 걸어갈 수도 있을 겁니다. 이 모든 것이 현실에서 불가능한 작업이 메타버스 공간에서는 구현될 수 있는 대표적 사례입니다.

메타버스는 이렇게 학습에 이용할 수도 있지만, 여가나 취미활동을 위해서도 활용될 수 있습니다. 놀이는 하나의 배움이 며, 효과적인 학습의 매개이기 때문입니다. 넷플릭스 드라마나 영화에서 재미있게 보았던 게임을 메타버스 공간에서 부모님 과 함께할 수 있을 것입니다. 부모님과 아이가 게임과 같은 환 경에서 끝말잇기 놀이를 하거나 사칙연산을 배우고 연습할 수 있게 될 것입니다. 아이는 학습에서도 놀이에서도 메타버스에 서 활동하는 시간이 점점 늘어나게 될 것입니다. 이는 머지않 아 우리 자녀에게 다가올 세상이고 가까운 미래입니다. 메타버 스가 교육에 미치는 효과를 다음에 설명하는 6C로 구분하여 살 펴볼 수 있을 겁니다. 6C는 미국의 과학교사인 브라이언 밀러 (Brian Christopher Miller)가 기존의 21세기 학습자 역량인 의 사소통(Communication), 비판적 사고(Critical thinking), 협업 (Collaboration), 창의성(Creativity)에 연결(Connectivity)과 시민 성(Citizenship)을 추가해서 만든 개념입니다.[39]

김재인 교수는 『뉴노멀의 철학』에서 이전의 교육이 변화해야 하 는 이유를 다음과 같이 설명합니다. "첫째, 세상이 변하는 속도가 너무 빨라 가까운 미래의 유망직종을 구체적으로 제시하기 어렵다. 둘째, 기대수명이 늘어나서 첫 직업이 평생직업이 되리라는 보장이 전혀 없다. 한 사람이 여러 직종을 거쳐 가는 게 오히려 자연스러운 일이 되었다. 셋째, 대학 전공은 유효기간이 아주 짧아졌다. 매번 새 롭게 배우고 익혀야 하므로, 학습은 곧 일상이 되었다. 이제는 사회에 진출하기 전까지 학교에서 스스로 학습하는 법을 반드시 배워야 한다." 이런 관점에서 볼 때 메타버스 교육은 종래의 교육이 안고 있는 문제점들을 혁신적으로 바꾸어낼 것입니다.

비판적 사고 critical thinking	교육을 통해 얻은 내용을 수동적으로 수용하는 것이 아니라 비판적 사고를 통해 걸러 받을 수 있는 능력을 말한다. 비판적 사고를 통해 의미 있는 정보와 그렇지 않은 정보를 구분하고 사실과 의견을 구별할 수 있다.
협업 collaboration	협업은 학습에서 중요한 가치를 가진다. 협업을 통해 학습한 사항들로 학생들은 사회적 참여와 공동체 구축을 할 수 있다. 그렇게 이룩한 공동체 가치가 교육에 있어 얼마나 중요한지 깨닫게 된다.
소통 communication	교육은 결국 말하기와 쓰기, 읽기, 그리고 듣기 같은 의사소통을 위해 존재한다. 언어능력을 통해 학생들은 사회성과 함께 논리력, 추리력, 사고력을 얻을 수 있다. 소통은 학생이 주변 환경에서 타인과 처음으로 상호 협력적인 교류를 할 수 있도록 매개가 된다.
창의성 creativity	창의성은 배운 내용을 토대로 새로운 아이디어나 해결책을 생각해내는 능력이다. 실생활에서 발생하는 문제에 대한 해결책뿐만 아니라 새로운 상황이나 환경에서 다양한 아이디어를 생각해내는 능력으로 미래인재에게 필요한 역량이다.
시민성·문화 citizenship/culture	시민성은 다양한 구성원들이 모여 함께 살아가는데 필요한 역량을 말한다. 학생이 자신이 속한 지역사회와 문화를 알고, 다양한 문화를 이해하고 존중하는 태도를 가지는 것이 중요하다.
연결·인성교육 connectivity ·character education	기술로 가득한 세상에서 인간관계의 중요성을 이해하는 것이 필요하다. 학생이 자신의 세계와 다른 사람과의 관계를 통해 세계와 연결되는 경험을 할 수 있기 때문이다. 기술이 빠르게 발전하더라도 다른 사람과의 연결에 필요한 책임감, 배려 등의 바른 인성을 함양하는 교육은 미래사회에서 중요한 부분이다.

미래인재에게 필요한 역량 6C
(출처: https://miro.com/blog/6-cs-of-education-classroom/)

결국 메타버스 시대의 교육을 자녀와 어떻게 맞이할 것인지는 부모의 지식과 경험에 달려있습니다. 메타버스 시대에 필요한 6C가 무엇인지 살펴보고 이를 자녀와 함께 공유하는 부모는 교육의 혁신에 동참하게 될 것입니다.

메타버스가 구현할 가상교실에서는 다양한 체험과 학습을 할 수 있습니다. 이때 아이들에게 필요한 것은 어떤 학습자가 되느냐입니다. 새로운 환경에서도 아이들이 서로를 존중하고 정보를 맹목적으로 받아들이지 않도록 가르쳐야 합니다. 또한 아이들이 소통과 협업을 통해 자신의 역량을 함양할 수 있도록 인도해야 합니다.

인공지능과
협업하다

라이언 레이놀즈의 2021년 영화 「프리 가이」에는 은행원으로 일하는 주인공 가이가 등장합니다. 그는 게임 속 가상도시인 프리 시티(free city)에서 지루한 일상을 벗어나게 해 줄 새로운 모험을 꿈꾸며 살아갑니다. 우연히 은행강도의 검은색 고글을 빼앗아 착용하며 자신이 이제껏 살아가던 세계가 현실세계가 아닌 게임 속 가상세계임을 깨닫게 됩니다. 그는 영웅이 되면서 달라진 위상에 걸맞은 모험을 꿈꾸지만, 자신이 실제 유저가 아니라 컴퓨터가 게임 속에서 만들어 낸 여러 NPC 중 하나에 불과하다는 사실을 알게 되면서 충격을 받습니다.● 즉 그는 게임 속에서 이름도

● NPC는 Non-Player Character의 약자입니다.

부여받지 못한 한 '사내(guy)'일 뿐이죠. 저는 영화에서 컴퓨터가 만들어 낸 캐릭터들이 모두 자기 정체성, 즉 자아의식이 있다는 사실에서 장차 메타버스 교실이 어떠한 형태로 구현될지 새로운 시각을 얻을 수 있었습니다. 즉 메타버스가 인공지능과 합쳐지는 세계죠.

많은 전문가들은 메타버스 환경이 교육에 도입되면서 필연적으로 인공지능 기반의 교육 환경이 만들어질 것이라고 입을 모읍니다. 인공지능이 교육과 만나면 과연 어떤 세계가 펼쳐질까요? 간단히 생각해 보면, 아이들은 개인별 노트북이나 패드를 통해 학습하게 될 것입니다. 현재 서울, 인천, 대구, 경북 등 여러 시도 교육청에서는 학생들에게 스마트기기를 나눠주는 소위 'BYOD 사업'을 계획하고 있습니다.● 한 사람에 하나의 기기를 주는 '일인일기(一人一機)' 형태로 교육 환경이 통합될 수 있습니다. 이렇게 개인 스마트기기를 들고 다니면 기기에서 생성되는 모든 빅데이터가 수집될 것입니다. 현재 교육부에서는 「K-에듀 통합 플랫폼」을 개발하고 있는데, 2024년 이 플랫폼이 계획대로 운영되면 학생들의 디지털기기와 연결하여 다양한 학습 데이터를 수집하게 될 것입니다.[40] 이렇게 되면 교사는 학생들의 상황을 쉽고 빠르게 판단할 수 있고, 학생들은 자신의 데이터를 기반으로 맞춤형 교육을 받을 수 있습니다. 교사는 학습의 과정에서 생성하는 빅

● BYOD는 Bring Your Own Device의 약자입니다.

데이터를 분석하여 학습자의 상황을 이해하고 성적을 산출하는데 활용하게 될 것입니다. 이런 기술을 '학습분석기술'이라고 합니다.

학습분석기술은 아이에게 개별화된 맞춤형 교육을 가능하게 해줍니다. 아이가 무엇을 이해하고 잘 하는지, 어떤 부분이 부족한지 빅데이터 분석을 통해 찾아내고 1대1 맞춤형 코스를 추천합니다. 이렇게 빅데이터를 이용한 미래교육은 선생님과 아이들에게 모두 도움이 되는 방향으로 발전시킬 수 있습니다. 예를 들어 선생님들은 아이들의 학습활동이나 성과를 파악하여 수업에 참여하도록 유도하거나 평가에 활용할 수 있습니다. 아이들은 자신의 상황을 파악하고 우수한 부분과 부족한 부분을 살펴본 후, 스스로 학습 속도와 방향을 조절할 수 있다는 장점이 있습니다.

인공지능을 기반으로 하는 교육 플랫폼은 단순히 선생님들이 제공하는 교육 콘텐츠를 학습하는데 그치는 것이 아니라 학생들도 자신의 콘텐츠를 생산하고 이를 공유하거나 마켓에 판매할 수 있는 진정한 프로슈머의 역할을 해야 합니다. 예를 들면 부산에 사는 학생이 오늘 수업에 들었던 인공지능 윤리에 관한 내용을 정리해서 마켓에 올렸는데, 서울에 사는 학생이 너무 좋아서 자신의 계정에 퍼가게 되면 콘텐츠를 올린 학생에게 포인트가 지급됩니다. 이렇게 학생들이 생성한 다양한 교육 콘텐츠가 서로에게 도움을 주고 자연스럽게 공유하는 문화가 형성되는 것입니다. 그리고 쌓인 포인트는 새로운 강좌를 수강할 때 사용할 수 있는 인센티브로 주는 것입니다. 이런 방식의 교육 선순환 구조는 서로 가르치면서 배우는, 교학상장(敎學相長)의 정신을 나타낸다고 할 수 있습니다.

인공지능은 교육 환경과 교육 방법에도 영향을 주지만 교육 내용에도 영향을 미치고 있습니다. 최근 2022개정 교육과정을 개발하는 절차가 진행되고 있는데 커다란 변화 중 하나는 초중고에서 인공지능 교육을 강화하겠다는 것입니다. 이런 흐름의 하나로 교육부는 2020년 9월 11일 「초중등학교 교육과정」의 일부를 개정하여 2021학년도 신입생부터 고등학교 보통교과의 진로 선택 과목으로 '인공지능 기초'와 '인공지능 수학'을 배울 수 있도록 새롭게 과목을 개설하였습니다.[41] 그리고 2022년에 개정하는 교육과정에서는 초등학교에서부터 인공지능 내용을 배울 수 있는 기반을 마련하고 있습니다.[42]

2020년에 발표한 인공지능 기초 과목에 대한 설명을 보면 현재 상황을 이해할 수 있습니다. "인공지능 기초 과목은 인공지능 기술의 발전에 따른 사회 변화를 올바르게 이해하고 인공지능 기반 지식·정보사회 구성원으로서의 윤리 의식을 함양하며, 인공지능의 기본 개념과 원리, 기술을 활용하여 실생활 및 다양한 분야의 문제를 창의적으로 해결할 수 있는 기초 소양을 기르기 위한 과목이다." 여기서 중요한 것은 미래사회를 '인공지능 기반 지식·

정보사회'로 보고 있다는 점입니다. 교육부에서 발표한 보고서[43]에 의하면, 인공지능 교육을 다음과 같이 정의하고 있습니다. "인공지능 교육은 컴퓨팅 사고력을 바탕으로 인공지능을 이해, 개발하는 내용에 대한 교육과 인공지능 기술을 활용한 교수, 학습, 평가 및 교육정책 수립 등의 활동을 포함한다."

이러한 교육정책의 방향은 우리나라뿐 아니라 전 세계 선진국들의 정책에서도 볼 수 있습니다. 컴퓨팅 사고력과 인공지능을 초중등 학생들에게 가르치는 현상은 미국, 영국, 핀란드, 프랑스 등을 중심으로 중국과 일본 등 전 세계로 확산하는 추세입니다. 특히 중국에서는 2019년부터 유치원부터 고등학교에 이르기까지 인공지능 교육을 도입하고 있어서 그 추세가 더욱 심화, 확산할 전망입니다. 2019년 한국과학창의재단에서 주관한 글로벌 소프트웨어교육 콘퍼런스에서 발표된 사례를 살펴보면, 중국과 미국에서는 이미 초중등 학생들을 위한 인공지능 교육 콘텐츠가 개발되었고, 인도와 이스라엘, 일본이 개발을 준비하고 있다고 합니다.[44] 저도 발표자로 참가하여 2019년 우리나라에서 개발한 「차세대 소프트웨어교육 표준 모델」을 발표하였습니다.[45] 이 연구에서 제안한 일부 내용이 2022개정 정보교육과정에 영향을 주었습니다.

인공지능 교육을 선도적으로 주도하는 나라 중에 미국은 일찌감치 'K12를 위한 인공지능 이니셔티브(AI4K12 Initiative)'를 결성하고 초중고 학생들을 위한 교육과정을 개발하였습니다.[46] AI4K12에서 공개한 인공지능 교육과정의 틀을 살펴보면, 다섯 개의 빅 아이디어(big ideas)와 각 영역에 대하여 초중고 학급별 성취역량 기준을 개발하였는데, 인공지능 윤리부터 기초 알고리즘, 활용까지 다음과 같이 폭넓은 내용으로 구성되어 있습니다.

인공지능 교육의 빅 아이디어
(출처: AI4K12, CT교사연구회 번역)

다섯 가지 빅 아이디어에는 어떤 것들이 있을까요? 첫째, 인식입니다. 컴퓨터는 센서를 이용해서 세상을 인식합니다. 둘째, 표현 및 추론입니다. 인공지능은 정보나 지식에 대한 표현을 만들고 이를 추론에 사용합니다. 셋째, 학습입니다. 컴퓨터는 데이터를 통해 학습합니다. 넷째, 자연스러운 상호작용입니다. 지능형 에이전트가 인간과 자연스러운 상호작용을 하기 위해서는 많은 종류의 지식이 필요합니다. 다섯째, 사회적 영향입니다. 인공지능은 사회에 긍정적인 영향과 부정적인 영향을 미칠 수 있습니다. 전 세계 아이들이 인공지능에 대해 이 정도의 내용은 배우고 있는 겁니다. 이제 우리나라 아이들도 인공지능에 대한 교육이 필요합니다. 아이들은 인공지능이 어떻게 작동하고 학습하고 활용되는지 그 원리를 배워야 하는 시대가 된 것입니다. 물론 부모도 이 정도는 알아두시면 좋습니다.

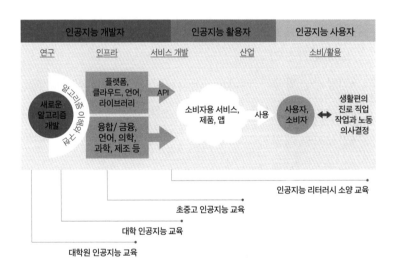

인공지능 교육의 수준과 대상
(출처: 김수환, 김현철 외., (2020), K-12 학생 및 교사를 위한 인공지능 교육에 대한 고찰)

인공지능 교육은 모든 학생에게 필요한데, 그 목적에 따라 가르쳐야 하는 내용의 수준은 달라야 합니다. 미국은 초중고 학생들이 미래사회의 공동체 구성원으로서 인공지능 활용 능력과 소양을 함양하는 것을 목표로 삼았고, 일본은 데이터 과학과 인공지능의 연관성을 보고 모든 국민이 수리적 역량을 향상하는 것을 목표로 두고 있으며, 중국은 인공지능 전문가로서의 기술 역량을 목표로 삼고 있습니다. 저는 고려대 김현철 교수와의 공동연구[47]를 통해 123쪽 도표처럼 인공지능 교육의 수준을 다음과 같이 구분하였습니다.

- 인공지능 사용자(AI Consumers): 일상생활에서 인공지능 서비스와 제품을 사용하여 자신의 문제를 해결할 수 있는 기본 소양을 가진 자
- 인공지능 활용자(Workforce that uses AI): 자신의 직업과 진로 분야에서 인공지능을 활용 및 응용할 수 있는 역량을 가진 자
- 인공지능 개발자(Workforce in AI): 인공지능 분야에서 일할 수 있는 역량을 가진 자

이렇게 인공지능을 초중고에서 경험한 아이들은 어떤 역량이 생길까요? 정지훈 박사의 책『AI 101, 인공지능 비즈니스의 모든 것』에서는 인간이 인공지능의 협업을 증강지능(Augmented

Intelligence)으로 설명합니다.[48] 인간은 상식과 상상력, 새로운 경험을 통해서 학습하는데, 인공지능은 데이터에서 학습하고 빠른 속도로 계산합니다. 인간과 인공지능이 결합하면 인공지능의 빠른 계산력과 인간의 지식과 직관을 동시에 활용하는 것이 가능해집니다.

예를 들어 의사가 인공지능과 협업해서 암을 판별한다든지, 변호사가 인공지능을 활용해서 판례를 찾아내고 변호 논리를 세운다든지 하는데 활용할 수 있게 될 것입니다. 실제 사례로 2019년 우리나라에서 인간 대 인공지능의 법률 분석 대결이 개최되었는데, 인간 변호사 2명이 팀을 이룬 팀이 9개였고, 인간과 인공지능이 짝을 이룬 팀이 3개였습니다. 심사 결과, 1등부터 3등까지 모두 인공지능과 협업한 팀이 입상했습니다. 더욱 놀라운 사실은 3위 팀의 인간 참가자는 법을 전혀 모르는 물리학도여서 청중을 놀라게 했다는 점입니다. 대회 후 심사위원장의 인터뷰 내용에도 증강지능의 필요성이 나타납니다.

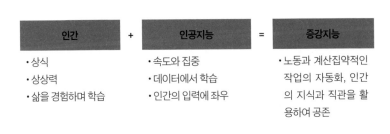

증강지능의 원리
(출처: 정지훈(2021). 『AI 101, 인공지능 비즈니스의 모든 것』, p94)

"AI를 사용하더라도 누가 어떻게 활용하는가에 따라 차이가 크게 날 수 있다. 정리해 볼 때 AI는 빠르게 판단하지만, 종합적 판단은 여전히 변호사들이 더 낫고, 블라인드 테스트였지만 인간이 더 유능한 분야는 분명히 있다는 생각을 확인하게 됐다."[49]

증강지능을 다른 말로 '협업지능'이라고도 하는데, 인간과 인공지능이 어떻게 협업하느냐에 따라서 현재 인간이 가지고 있는 지능의 영향력이 증폭될 수 있다는 사실을 보여줍니다. 메타버스 시대에 인공지능 교육은 모든 아이가 배워야 하는 필수교육이 되어야 하고, 부모들도 미래역량 측면에서 인공지능 교육에 대한 관점을 가져야 합니다.

디지털 리터러시를 배우다

한 역사가에 따르면, 중세 때만 해도 글을 읽을 수 있는 사람은 전체 인구 중에 2%밖에 되지 않았다고 합니다. 98%가 문맹이었다는 거죠. 당연히 양피지로 만든 책은 매우 고가였고 평범한 시민들은 사서 볼 엄두조차 낼 수 없었죠. 상황이 이렇다 보니 15세기 독일에서는 한 귀족이 설교집 한 권을 사려고 양 200마리에다 보리와 호밀을 수십 가마 얹어주었다는 기록이 남아있다고 하네요. 요즘으로 따지면 책 한 권이 집 한 채 값을 호가하는 수준이었던 겁니다. 그래서 당시 교회에서는 글을 읽지 못하는 일반 교인들에게 성경을 가르치기 위해 명화나 음악 등을 이용했다고 합니다. 이런 상황은 앞서 말씀드렸던 구텐베르크가 인쇄술을 발명하여 책을 보급할 때까지 이어졌습니다. 이와 맞물려 자국의 언어로 라틴어 성경이 번역되면서 르네상스 이후의 유럽 문맹률은 60%까지 낮아졌습니다.

그런데 요즘은 주변에서 글을 쓰거나 읽지 못하는 사람을 찾기가 너무 어려워졌습니다. 우리나라의 경우 2021년을 기준으로 18세 이상 문맹률이 4.5% 정도라고 하니 정말 격세지감을 느끼게 합니다. 교육 배경에 상관없이 적어도 글은 대부분 자유롭게 읽고 쓸 수 있는 시대가 되었습니다. 소위 글을 이해할 수 있는 문해력(文解力)을 리터러시(literacy)라고 하는데요. 요즘에는 단순히 글을 읽을 수 있는 능력뿐 아니라 해당 분야에 대한 전반적인 교양과 기초적인 지식, 문제에 봉착했을 때 적합한 판단을 내릴 수 있는 소양과 능력을 아울러 일컫는 표현이 되었습니다. 문해력에는 보통 3R's, 즉 읽고(read), 쓰고(write), 셈하는(reckon) 능력이 포함됩니다.● 문서를 읽고 이해하고 자기 생각을 글로 써서 전달할 수 있는 능력에다 기본적인 사회생활을 위한 셈하기까지 포함되는 개념이라고 볼 수 있죠.

우리나라의 초등학교 교육과정은 이러한 문해력을 기반으로 이루어져 있다고 보시면 됩니다. 리터러시 교육은 산업혁명의 흐름에 따라 변하고 있는데, 1차 산업혁명 시대에는 3R's가 중요한 리터러시로 인정이 되었습니다. 당시의 정보를 전달하는 중요한

● reckon 대신에 arithmetic이나 reason을 포함시키기도 합니다.

매개체는 문서나 책, 신문 등 텍스트 기반 정보여서 지식을 습득하려면 이러한 기능적 리터러시가 필요했습니다. 2차 산업혁명은 전기 에너지로 인한 혁명인데, 당시 가장 중요한 역할을 한 매체는 TV였습니다. TV라는 매스미디어로 전달되는 정보를 보고 해석할 수 있는 미디어 리터러시가 중요했습니다. 이후 3차 산업혁명은 컴퓨터와 인터넷 기반의 지식정보 혁명이 이루어지면서 정보통신기술(ICT) 리터러시, 컴퓨터 리터러시, 정보 리터러시 등이 중요해졌습니다. 지금은 4차 산업혁명 시대로 인공지능 기반의 변화가 도래하였습니다. 인공지능 리터러시 등이 필요한 시대가 된 것입니다.[50]

메타버스 세계가 도래한 21세기, 우리에게 아날로그 시대의 리터러시와 다른 리터러시가 요구되고 있습니다. 이른바 디지털 리터러시(digital literacy)입니다. 메타버스 시대에 필요한 디지털 리터러시는 무엇일까요? 메타버스는 디지털 지구이기 때문에 디지털이 무엇인지, 디지털 세상은 어떤 특징이 있는지 알아야 합니다. 디지털 세계를 아는 기본 소양을 디지털 리터러시라고 합니다. 디지털 리터러시는 우리나라 말로 번역하면 '디지털 소양' '디지털 역량' '디지털 문해력' 등으로 표현할 수 있는데, 이 책에서는 같은 의미로 디지털 리터러시를 사용하고 설명하겠습니다. 디지털 리터러시는 디지털 세계, 메타버스 세계에서 살아갈 아이들이 기본적으로 갖춰야 할 소양이라고 생각하시면 됩니다. 기본적인 소양에서부터 문제해결력까지 이르는 능력으로 설명하려고 합니다. 이어지는 내용을 읽으시면 왜 그렇게 설명하려고 하는지 이해하게 될 것입니다.

디지털 리터러시는 앞서 살펴본 것처럼 사회의 변화와 맥락을 같이 합니다. 컴퓨터 기술과 인터넷의 발전으로 인해 디지털 세상으로의 이주가 이루어지면서 디지털 시민으로 살아가기 위한 리터러시가 필요하게 되었습니다. 디지털 리터러시는 1997년 폴 길스터(Paul Gilster)가 『디지털 리터러시』에서 처음 사용한 용어인데, "컴퓨터로 표현된 방대한 출처에서 나온 다양한 형태의 정보를 사용하고 이해하는 능력"이라고 정의했습니다.[51] 이때 길스터는 단순히 정보를 이해하고 사용하는 능력뿐만 아니라 그것을 활용하는 마음가짐, 즉 마인드셋(mindset)이 중요하다고 강조했습니다.

우리나라에서도 디지털 리터러시에 대한 개념을 정립하고 교육에 반영하려는 시도가 있었습니다. 2006년부터 한국교육학술정보원에서 연구가 시작되었고, 이후 제가 연구원으로 참여한 한국교육학술정보원(2017)의 연구에서는 디지털 러터러시를 기본 소양 영역, 의식 및 태도 영역, 사고능력 영역, 실천적 역량 영역으로 종합하여 다음과 같이 정의하였습니다.[52]

"디지털 리터러시란 디지털 사회 구성원으로서의 자주

적인 삶을 살아가기 위해 필요한 기본 소양으로 윤리
적 태도를 가지고 디지털 기술을 이해·활용하여 정보
의 탐색 및 관리, 창작을 통해 문제를 해결하는 실천적
역량이다."

디지털 리터러시를 갖춘 사람을 디지털 기술을 이해하고 활용
할 수 있는 능력과 사회에서 요구하는 의식 및 태도를 지니고 이
를 일상생활에서 실천하고 수행할 수 있는 사람으로 정의하였습
니다. 저는 아이들이 아날로그 세상에서뿐만 아니라 디지털 세상
에서도 올바른 생각과 태도로 살아가기를 소망합니다. 그래서 마
지막에 '일상생활에서 실천·실행할 수 있는 사람'이라는 문구를
넣었습니다.

디지털 리터러시라고 하면 일반인들은 컴퓨터 사용법, 인터넷
사용법, SNS 사용법 등을 떠올립니다. 어릴 때 타자 연습부터 시
작해서 워드프로세서나 파워포인트 같은 응용 소프트웨어를 사
용하는 방법을 익히면 된다고 생각합니다. 이를 위해 ITQ● 같은
자격증을 따기도 합니다. 그런데 우리가 이런 기술을 배우는 이
유를 생각해 보면 어떤 일을 수행하거나 문제해결을 위해 필요한
것이라는 알 수 있습니다. 따라서 저와 연구진들은 실제 생활에
서 디지털 리터러시가 실천되기를 원했는데, 이때 사용하는 사고

● 정보기술능력 또는 정보기술 활용 능력을 평가하는 시험입니다.

력은 '컴퓨팅 사고력, 비판적 사고력, 창의적 사고력'이 대표적으로 필요하다고 보았습니다. 또한 디지털 도구를 다루는 기본 소양과 사고력이 통합되어 디지털 세상에서 '커뮤니케이션과 협업, 문제해결, 콘텐츠 창작' 활동을 할 때 발휘될 수 있다는 모델을 제시하였습니다. 이런 틀은 이전까지 디지털 도구를 다루는 방법만 리터러시로 생각했던 모델을 확장하여 문제해결 역량까지 연결한 것이라고 이해하시면 됩니다. 왜 문제해결까지 연결해야 하는지에 대한 부분은 다음 절에서 자세하게 설명하겠습니다. 결국 디지털 세상에서 살아가기 위한 시민은 디지털 리터러시로 자신의 아이디어를 표현할 뿐만 아니라 문제해결까지 할 수 있는 역량을 갖추어야 한다는 방향을 제시한 것입니다.

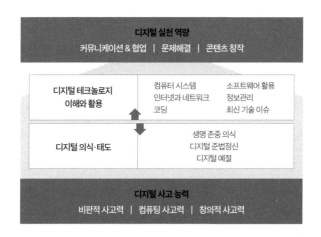

디지털 리터러시 프레임워크
(김수환 외(2017), 디지털 리터러시의 교육과정 적용 방안 연구)

이렇게 디지털 리터러시를 문제해결 역량까지 연결하는 흐름은 우리나라뿐만 아니라 영국이나 미국, 캐나다에서 제시하는 개념에서도 나타나고 있습니다. 디지털 리터러시를 아이들에게 가르치는 이유는 디지털 세상에서 문제해결까지 할 수 있는 역량을 길러주고 싶은 목적이 있기 때문입니다. 제가 연구한 디지털 리터러시는 2017년에 제시한 것이었는데, 최근 직업적 요구까지 수용하는 개념으로 확장하고 있습니다. 한국직업능력개발원(2019)에서는 4차 산업혁명의 특성을 반영한 새로운 디지털 역량에 대해서 다음과 같이 정의했습니다.[53]

> "디지털 사회의 시민으로서 책임과 의무를 준수하고,
> 권리를 행사하며, 직업적 요구를 수용하기 위해 필요
> 한 디지털 지식, 기능, 태도"

여러 연구에서 나타나듯이 디지털 리터러시는 디지털 시민으로 살아가기 위한 역량뿐만 아니라 직업적 요구를 수용하기 위한 역량으로까지 확장하고 있는 추세입니다. 또한 메타버스 시대에 누구나 갖추어야 할 소양으로 제시되고 있습니다. 이런 흐름에 따라 우리나라 정부에서는 전 국민을 대상으로 디지털 리터러시를 갖출 수 있도록 교육을 시행하고 있습니다.[54] 과학기술정보통신부에서는 코로나19 시대에 정보 소외계층의 디지털 정보 격차

를 해소하고 일자리 창출을 위해 '전 국민 디지털 역량 강화 교육'을 한국판 뉴딜 사업으로 실시하고 있다고 합니다.

	디지털 환경에서 친숙해 지기	디지털 환경에서 정보습득하기	디지털 환경에서 소통하기	디지털 환경에서 안전하기	디지털 환경에서 일상생활하기	디지털 환경에서 일하기	디지털 환경에서 만들기
활용	디지털 기기 활용하기	디지털 정보 검색하기			스마트하게 경제 활동하기 / 스마트하게 행정처리 하기 / 스마트하게 여가 즐기기 / 스마트하게 학습하기 / 스마트하게 건강 관리하기		디지털 미디어 콘텐츠 생산하기 / 디지털 기술로 메이커 활동하기
		디지털 환경에 접근하기					
		디지털 정보 검색하기					
소양	디지털 환경 변화 이해하기	디지털 정보 검색하기		디지털 역기능 이해하기	인공지능 특성 이해하기	디지털 일터 환경 대비 하기	디지털 정보 및 자료 생성하기
참여			디지털 환경에서 관계 맺기 / 디지털 시민성 갖추기	개인 정보 보호 하기 / 디지털 보안과 콘텐츠 보호하기			콘텐츠 크리에이터 활동하기
예방							

전 국민 디지털 역량 강화 교육

(출처: NIA, (2020), 전 국민 디지털역량강화 교육을 위한 역량별·수준별 교육과정 개발)

그럼 우리 아이들은 어디서 어떻게 디지털 리터러시를 배울 수 있을까요? 저는 공교육에서 이런 교육을 해주어야 한다고 생각하는데, 다행히도 2022개정교육과정은 모든 학생이 디지털 리터러시 교육을 할 수 있는 기반을 마련하였습니다. 우리나라는 국가에서 만드는 교육과정 체제를 가지고 있습니다. 2022년에 발표되는 교육과정을 2022개정교육과정이라고 부르는데, 이때 만들어진 교육과정은 2024년부터 초등학교 1, 2학년을 시작으로 차례로 초중고에 적용됩니다. 디지털 리터러시는 기본적으로 정보교과에서 가르칠 수 있는데, 교육부의 발표에 따르면 정보와 연계하여 여러 교과에서 디지털 리터러시를 가르칠 수 있도록 체계를 만든다고 합니다. 아쉽게도 초등학교에 '정보' 교과가 없어서 체계적으로 교육하기는 어렵겠지만 일단 교육받을 수 있는 기반은 마련되었다고 볼 수 있습니다. 2022개정교육과정에서는 미래아이들에게 필요한 필수 소양으로 언어 소양, 수리 소양, 디지털 소양을 제시하였습니다. 그리고 이 세 가지 소양은 여러 교과를 학습하는 데 기반이 된다고 말합니다.[55]

가끔 부모교육으로 디지털 리터러시의 필요성을 이야기하면 몇몇 분들이 이렇게 말씀하십니다.

"지금도 스마트폰, 컴퓨터로 게임만 하는데, 디지털 도구로 무얼 한다고요?"

"어려서부터 교육하면 스마트기기에 너무 일찍 노출되는 게 아닌가요?"

기초소양	개념(안)
언어 소양	언어를 중심으로 다양한 기호, 양식, 매체 등을 활용한 텍스트를 대상, 목적, 맥락에 맞게 이해하고, 생산 공유, 사용하여 문제를 해결하고 공동체 구성원과 소통하고 참여하는 능력
수리 소양	다양한 상황에서 수리적 정보와 표현 및 사고 방법을 이해, 해석, 사용하여 문제해결, 추론, 의사소통하는 능력
디지털 소양	디지털 지식과 기술에 대한 이해와 윤리의식을 바탕으로 정보를 수집분석하고 비판적으로 이해평가하여 새로운 정보와 지식을 생산활용하는 능력

미래 아이들에게 필수적인 세 가지 소양
(출처: 교육부, 2021.11.24. 2022개정교육과정 총론 주요사항(안))

부모님들은 우리나라가 인터넷망도 잘 되어있고, 속도도 빨라서 아이들이 모두 컴퓨터를 잘 다룬다고 생각하시는 것 같습니다. 국제적인 연구 결과를 살펴보면, 우리나라 아이들은 학습 목적으로 ICT를 사용하는 빈도가 다른 나라보다 낮다는 통계가 있습니다.[56] 전체 평균이 50점인데, 우리는 46점으로 낮다는 겁니다. 일반 응용프로그램 사용에 대한 자기효능감도 평균 50점보다 낮은 49점으로 나타난 것을 볼 수 있습니다. 이런 현상은 다른 연구에서도 비슷하게 나타나는데, 저는 이런 이유가 아이들에게 스마트기기를 올바르게 사용하는 법을 알려주지 않았기 때문이라고 생각합니다.

우리나라에서 아이가 스마트기기를 접하게 되는 상황을 떠올려 보면 이를 빠르게 이해할 수 있을 것입니다. 공공장소에서 아이들이 떠들고 돌아다닐 때 스마트폰을 주고 애니메이션을 보여주거나, 집안일 때문에 바쁜데 아이가 놀아달라고 보채니 스마트폰을 주었던 적이 모두 한 번쯤 있을 겁니다. 다들 이런 계기로 스마트기기를 아이에게 줍니다. 이렇게 시작한 아이들에게 스마트기기는 당연히 소비용, 오락용 도구로 전락합니다. 스마트기기로 학습을 하거나 문제해결에 활용하는 교육을 전혀 받아보지 못했기 때문에 주로 유튜브를 보거나 게임을 하는 데 사용하게 되는 것이죠. 부모님들은 아이들이 스마트폰을 잘 사용하는 것 같으니, 당연히 효능감도 높고 학습에도 원활하게 사용할 것으로 생각하지만 사실은 그렇지 않은 것입니다.

자녀에게 스마트폰을 줄 때는 디지털 리터러시 교육도 함께 시작해야 합니다. 건강한 습관으로 정착될 때까지 올바르게 사용할 수 방법을 교육해야 합니다. 디지털 리터러시는 메타버스 시대에 가장 필요한 소양입니다.

디지털 시민의식 키우기

얼마 전 카카오톡에서 친구들로부터 왕따를 당하던 서울의 한 중학생이 고립감을 견디지 못하고 자살하는 안타까운 사건이 일어났습니다. 사이버불링이 이유였죠. 사이버불링은 이메일이나 SNS, 핸드폰을 통해 온라인상에서 상대방을 집단으로 괴롭히는 행위로 온라인과 디지털 세계가 확대되면서 최근 새로운 사회문제로 대두되었습니다. 2014년 개봉한 영화 「우아한 거짓말」은 사이버불링이 요즘 십대 사이에서 얼마나 큰 문제가 되는지 보여주고 있습니다. 영화는 집단 왕따방을 개설하여 지속적으로 상대를 괴롭히는, 소위 '카따'를 당해 스스로 목숨을 끊은 딸 천지를 잊지 못하는 한 가족의 이야기를 그리고 있습니다. 사이버불링은 피해를 당한 당사자뿐 아니라 남겨진 가족들까지 비참한 상실감으로 허우적거리게 하죠. 졸지에 딸과 동생을 잃은 엄마와 언니는 지옥 같은 시간을 홀로 견뎠을 천지에 대한 미안함과 죄책감으로 고통을 받게 됩니다.

사이버불링은 디지털 사회가 대두되면서 발생한 문제점 중에 하나에 불과합니다. 디지털 갑질에서 디지털 그루밍에 이르기까지 다양한 형태의 괴롭힘과 사회문제들이 불거지고 있습니다. 그래서 최근 초중고에서부터 체계적으로 디지털 시민의식에 대한 교육이 이뤄져야 한다는 데에 목소리를 내고 있습니다. 여기서 디지털 시민의식(digital citizenship)은 컴퓨터, 인터넷, 디지털 기기를 사용하여 모든 수준에서 네트워크 사회에 참여하는 사람들이 의식 수준에서 주어진 기술을 보다 책임감 있게 사용하는 태도를 일컫는 말입니다. 디지털 리터러시가 디지털 문화에 필요한 소양이라면, 디지털 시민의식은 그 소양을 발휘하여 공동체의 공공선(公共善)을 이루는 자세입니다. 올바른 시민의식을 가진 디지털 시민을 양성하는 것이 디지털 리터러시 교육의 목표라고 할 수 있습니다. 우리에게는 모두 특정한 국가의 일원이 되어 마땅히 해당 국가의 헌법을 준수하고 정상적이고 준수한 시민으로서 사회 규범을 지켜야 할 의무와 책임이 있듯이, 디지털 지구인 메타버스에서도 그에 걸맞은 시민성을 갖추고 살아가야 합니다.

저는 최근에도 디지털 리터러시와 관련된 여러 연구에 참여하고 있는데, 2021년에는 인천시 교육청과 함께 디지털 리터러시 교육에 대한 연구를 진행한 적이 있습니다. 이 중에서 디지털 시민의식과 관련된 부분을 여기서 잠깐 소개할까 합니다. 먼저 한국직업능력개발원(2019)에서 제시한 디지털 역량에는 '디지털 시민의식' 부분이 있는데, 이 시민의식의 하위요소는 다음과 같습니다.

먼저 '디지털 예절 준수'입니다. 현대인들이 살아가면서 에티켓이 필요한 것처럼, 디지털 환경에서도 문화 및 세대 간의 다양성을 인식하고 디지털 에티켓을 발휘할 필요가 있습니다. 이를 혹자는 '인터넷 황금률(Internet golden rule)' 혹은 '네티켓(netiquette)'이라고도 합니다. 두 번째로 '개인정보 및 프라이버시 보호'입니다. 오프라인에서도 프라이버시는 매우 중요한 원칙입니다. '보여주고 싶은 부분(how much to be shown)'과 '보여주고 싶지 않은 부분(how much not to be shown)'을 구분해서 노출도와 연결 정도를 정하는 '자기 정보 통제력'이 요구됩니다. 이는 디지털 환경에서 자신과 타인을 개인정보 및 프라이버시 침해 등의 피해로부터 보호하는 능력을 갖추는 것입니다. 세 번째로 '저작권 및 라이선스 이해'입니다. 요즘 들어 특히 정치인과 연예인들의 표절 문제로 신문지상의 사회면이 시끄러운데요. 현실세계에서 물건을 훔치거나 특정인을 사칭하여 권리를 빼앗는 것이 범죄라는 걸 잘 알면서도 온라인에서는 정보를 가볍게 긁어서 도용(마음대로 훔쳐서 사용하는 것)하는 걸 아무렇지 않게 생각하는 이들이 많은 것 같습니다. 우리 아이들이 가상세계에 진입하기 전에 온라인에서 남의 콘텐츠를 무단으로 가져오는 건 현실에서만큼 커다란 범죄이며, 어쩌면 현실보다 더 무거운 책임이 따른다는 사실을 이해할 필요가 있습니다. 이를 위해 저작권 및 라이선스가 데이터, 정보 및 디지털 콘텐츠에 어떻게 적용되는지 이해하는 게 중요합니다.

네 번째로 '디지털 전환의 영향 이해'입니다. 디지털 기술 발달이 가져온 디지털 대전환에 따른 사회적 측면의 영향을 이해하고, 자신의 디지털 역량의 격차를 깨닫고 개선하거나 보완할 부분을 이해하는 자세가 필요합니다. 과거 산업사회의 패러다임에서는 지식과 기술에 있어 잠깐 뒤처지는 것은 시간과 노력을 두 배로 들이면 어느 정도 따라가거나 보충될 수 있었지만, 4차 산업혁명이 가져온 새로운 디지털 패러다임에서는 약간의 격차도 도무지 따라갈 수 없는 커다란 차이를 낼 수 있습니다. 이젠 분석과 기술, 이를 구현할 수 있는 역량보다 먼저 한 발을 내딛는 '속도'가 제일 중요한 시대가 되었습니다. 이를 리드 호프먼(Reid Hoffman)은 '블리츠스케일링(blitzscaling)'이라고 말합니다.● 구글과 페이스북 등 현재 IT업계를 호령하고 있는 굴지의 기업들은

● 블리츠스케일링은 공수부대를 이용하여 기동성을 극대화한 전략을 의미하는 독일어 '블리츠크리그(blitzkrieg)'와 회사의 규모 확장을 뜻하는 영어 '스케일업(scale up)'의 합성어입니다.

대부분 이러한 디지털 대전환의 패러다임에 발맞춰 올라탄 기업
들이었습니다. 기업이 블리츠스케일링이 필요하다면, 개인은 더
욱 블리츠스케일링이 필요합니다. 다섯 번째로 '디지털 공공성
제고'입니다. 공공 및 민간 디지털 서비스의 사용을 통해 사회 복
지에 참여하고, 적절한 디지털 기술을 통해 참여적 시민권을 위
한 기회 모색하는 것입니다. 디지털 세계는 나만의 전유물이 아
니며 공동체가 함께 어울리며 살아가는 생태계와 같습니다. 현실
세계에서 볼 수 있는 '공공재의 비극(tragedy of the commons)'이
디지털 세계에도 얼마든지 일어날 수 있으므로, 우리는 집단지성
을 활용하여 이에 대비해야 합니다.● 마지막 여섯 번째로 '디지털
범죄 인식'입니다. 많은 이들이 온라인에서 범죄를 오프라인 범
죄에서 느끼는 것보다 대수롭지 않게 여기는 것처럼 보입니다.
그러나 익명 뒤에 숨어 저지르는 문제의 행동들은 현실세계보다
더 큰 파장을 일으키며 디지털 생태계를 파괴합니다. 디지털 사
회로의 전환에 따라 신규 디지털 범죄의 출현을 지속적으로 인식
하고 민감성을 가져야 하는 이유가 여기에 있습니다.

　어떻게 보면 디지털 시민의식은 현실세계의 시민의식과 크게
다르지 않습니다. 자신을 소중히 여기고 타인을 존중하고 배려

● 공공재의 비극: '모두에게 개방된 목초지가 있다면, 목동들이 자신의 사유지는 보전하면서
공유지에서만 소를 방목해 곧 황폐해지고 말 것이다.'라는 논리로 미국의 생태학자 개릿 하딘(Garrett
Hardin)이 처음 제안하였습니다. 이에 대해 엘러너 오스트롬(Elinor Ostrom)은 『공유지의 비극을
넘어』라는 책에서 공공재의 비극을 넘는 방안으로 자치적 거버넌스 모델을 제시했습니다.

하며 사회 구성원으로서 올바르게 살아가고자 하는 자세를 갖추는 것입니다. 이는 미국의 작가이자 목회자인 로버트 풀검(Robert Fulghum)이 그의 책 『내가 정말 알아야 할 모든 것은 유치원에서 배웠다』에서 말한 것처럼 남들에게 중요한 건 나에게도 중요하다는 단순한 깨달음에 시민의식이 말하는 모든 원리라 숨어 있다고 생각합니다. 그 원리는 그리 어렵고 복잡한 것도 아닙니다. 풀검의 말처럼, "지혜는 대학원의 상아탑 꼭대기에 있지 않고 유치원의 모래밭에 지은 모래성 속에 있"기 때문이죠.[57]

그렇다면 메타버스 세계에서 요구되는 디지털 시민의식에 독특한 점은 무엇이 있을까요? 메타버스는 디지털 세계이므로 디지털의 특성을 고려해야 하는데, 디지털 세계에서 발생하기 쉬운 비도덕적인 사례를 이해하고 윤리적으로 행동하도록 가르치는 것이 필요합니다. 자신의 정보를 소중히 여기고 함부로 노출하지 않는 것에서 시작해서 다른 사람의 정보나 저작물을 불법으로 취득하지 않거나 허락을 받고 사용하는 등의 안전한 환경을 만들도록 서로 노력해야 하죠. 아이들이 디지털 세상에서도 올바른 시민으로 성장하려면 어렸을 때부터 디지털 시민성에 대한 교육이 필요합니다. 유네스코에서 제시하는 디지털 리터러시 교육 내용에도 '안전(Safety)' 영역이 있는데요.[58] 이 영역을 살펴보면 장치 보호, 개인정보와 사생활 보호, 건강과 웰빙, 환경 보호에 대한 부분을 가르치고 있습니다. 개인이 이용하는 장치를 안전하게 사용하는 것부터 시작해서 개인정보를 사용하는 방법까지 자세히 알려줍니다. 특히 디지털 세계에서 발생하는 신체적, 정신적 건강에 대한 위협, 학대와 그루밍, 불법 은닉과 사칭 등을 피하는 방법도 알려줍니다. 나아가 사이버 폭력 같은 것으로부터 자신과 타인을 보호하고 사회적으로 잘 살아가도록 웰빙과 포용을 위한 디지털 기술을 인식하는 것을 배웁니다. 마지막으로 디지털 기술의 사용이 우리 생활과 환경에 미치는 영향을 인식하고 긍정적인 영향을 줄 수 있도록 노력하는 것을 배웁니다.

　미국에서 지금도 방영되고 있는 유명 TV 관찰카메라 프로그램 중 하나인 「당신은 어떻게 하실 건가요(*What Would You Do*)?」에서 인터넷에서 자신을 십대라고 속인 한 중년 남성이 카페에서 16세의 여학생을 만나 자신의 집으로 데려가는 상황을 설정하고 주변인들의 반응을 관찰했습니다. 놀랍게도 많은 시민들이 남성의 성적 의도를 알아차리고 상황에 개입하여 이들의 동행을 차단하는 용기와 기지를 보여주었습니다. 이에 프로그램 제작팀은 상황을 바꾸어 십대 남학생이 온라인 앱을 통해 같은 또래의 여학생을 카페에서 만나는 상황을 설정하여 역시 시민들의 반응을 들여다보았습니다. 저는 여기서 왜 온라인에서 보이는 모든 것을 믿지 말아야 하는지 가장 중요한 교훈을 가르쳐 준다고 생각합니다. 중년 여성이 십대 소년을 카페에서 데리고 나가려 하자 이를 저지하던 한 남성은 그를 앉혀놓고 이렇게 말합니다. "얘야, 온라인에서 말하는 걸 모두 믿어선 안 된단다!"[59]

　　이런 일들은 마땅히 일어나지 말아야 하지만 애석하게도 빈번하게 일어나고 있습니다. 온 나라를 분노로 들썩이게 했던 '텔레그램 n번방 사건'도 그 대표적인 사례라고 할 수 있습니다. 국내 사이버수사대가 법의 사각지대에 있는 청소년들을 온라인에서 안전하게 지키기 위해 갖가지 노력을 다하고 있지만, 동영상이나 몸캠 등 SNS에서 청소년 성착취 범죄가 여전히 기승을 부리고 있습니다. 디지털 시민의식이 단지 자녀들에게 해당하는 게 아니라 성인들 모두의 책임과 연결되어 있다는 사실을 다시금 느끼게 됩니다. 디지털 시민의식을 통해 디지털 세계에 있는 청소년들을 어떻게 안전하게 지킬 수 있을까요? 이에 대해 윤성혜 박사는 『미래교육 인사이트』에서 디지털 시민의식을 두 가지 관점으로 제시합니다.[60] 하나는 디지털의 윤리적 활용으로 보는 관점으로 우리가 디지털 기술의 사용에 대해 적절하고 책임감 있는 행동을 하는 것입니다. 다른 하나는 시민의식의 확장으로 보는 관점인데 디지털을 통해 사회적, 정치적 이슈에 적극적으로 참여하는 것입니다.

　　2022년 초에 30대 남성이 제페토에서 만난 11살 소녀에게 접근해서 아이템을 사주면서 환심을 산 후, 19세가 되면 결혼해야 한다는 등의 내용으로 결혼서약서까지 작성하는 일이 발생했습니다. 이렇게 온라인에서 상대방을 심리적으로 지배하는 가스라이팅을 가하고 현실세계에서 성착취로 이어지는 온라인 그루밍 사례가 점점 늘어나고 있습니다. 당시 피해자 아이는 처음에 놀이로 여기고 대화를 나누었다고 합니다. 이 사건은 TV 프로그램인 「알쓸범잡2」 16회에서도 다루어졌는데요. 김상욱 박사는 이제 어른들도 메타버스가 무엇인지 알고 메타버스에서 상대방을 존중하는 윤리가 필요하다고 말하였습니다.

우리나라는 메타버스에 대한 대응이 빠른 편에 속합니다. 정부에서도 「2022년 메타버스 신산업 선도전략」을 발표하면서 안전하고 신뢰할 수 있는 메타버스 환경을 만들기 위해서 노력하고 있습니다.[61] 먼저 메타버스 생태계에 참여하는 사람들이 서로 신뢰하고 활동할 수 있도록 자율규범으로 메타버스 윤리원칙을 수립하겠다고 말합니다. 또한, 제페토나 로블록스 같은 메타버스 대표 플랫폼에서 자율적으로 노력하고 있는 사례를 제시하였습니다.

디지털 사회는 시공간의 초월성, 정보 공유의 평등성, 민주성, 정보 생산의 대중성 등의 특성을 가집니다. 따라서 디지털 사회에서의 시민의식은 전통적인 시민의식의 속성인 합리성, 도덕성, 실천성이라는 핵심적 구성요소를 그대로 공유하지만, 합리성과 실천성은 상대적으로 더 촉진되며, 도덕성은 상대적으로 더 약화되는 특성을 보인다고 합니다. 즉 정보의 다양성과 양방향성, 시공간의 초월성, 다양성 등 디지털 미디어의 특성은 합리성과 실천성을 향상하는 역할을 할 수 있으나, 익명성과 수평적 관계 등의 특성은 도덕성을 약화시킬 가능성이 있다는 것이죠.[62]

구분	주요 내용
제페토	커뮤니티 가이드라인을 제작 소통 원칙(문화적 다양성 존중, 합법적 이용 등) 금지행위(증오 등) 미성년자 보호 저작권 보호
로블록스	커뮤니티 표준 제공 안전 보장(아동 보호, 폭력 금지, 괴롭힘 금지 등) 시민성과 존중 공정성과 투명성 보안과 프라이버시
메타	책임 있는 메타버스 설계 경제적 기회(선택의 다양성 보장, 경쟁 활성화) 프라이버시 안전과 무결성 형평과 포용

메타버스 윤리 실천을 위한 자율적 노력 사례
(출처: 정부(2022), 메타버스 신산업 선도전략)

요즘은 회사에서 신입사원을 채용할 때에도 지원서에 개인 SNS 계정을 기재하라고 한답니다. 해당 지원자가 평소 어떤 사람인지 알아보기 위해서 개인 SNS에 올라 있는 게시글을 보고 판단하겠다는 거죠. 이렇게 인터넷 공간에 남겨진 나의 흔적(사진이나 글 등)들을 디지털 풋프린트(digital footprint), 즉 디지털 발자국이라고 하는데요. 자신이 남겨놓은 좋지 못한 게시글로 인해 합격이 취소되는 사례도 있습니다. 2021년 7급 공무원 시험에 합격하여 배정을 눈앞에 둔 한 예비 공무원이 극우 성향의 온라인 커뮤니티에 올린 각종 성희롱 게시물들로 인해 합격이 취소되는 일도 있었습니다. 그뿐만 아닙니다. 갓 데뷔한 모 아이돌 그룹의 한 멤버가 학창시절 게시판에 올린 글과 사진이 문제가 되어 중도에 활동을 접는 일도 일어났습니다. 이 모든 일이 디지털 시민의식 교육을 받았더라면 미연에 막을 수 있었던 사례였다고 생각합니다.

메타버스의 세상은 우리가 꿈꾸는 것처럼 긍정적이지만 않습니다. 메타버스가 우리의 한계를 넘어서고 더 나은 세상을 만들어 줄 것이라는 '유토피아'적인 미래를 그리는 사람이 있는가 하면, 메타버스에서도 여전히 불평등과 불공정이 발생하고, 양극화 현상으로 인해 차별과 갈등이 심화될 것이라는 '디스토피아'적인 미래를 예측하는 사람들도 있습니다. 이 책 전반에서 탐색하고 고민하는 것은 메타버스가 아이들에게 다가올 미래라면 부모로서 우리는 어떻게 준비하고 더 나은 환경을 만들어 줄 수 있을 것인가에 대한 부분입니다. 저는 기술은 양날의 검과 같이 가치중립적(value-free)이라는 주장에 동의합니다. 메타버스가 가져올 미래는 현재 우리의 준비와 노력에 달려 있습니다. 아이들에게 행복한 메타버스를 만들어주고자 한다면 디지털 시민성을 갖추도록 가르치고 함께 노력해야 할 때입니다. 부모님들이 메타버스에 대해서 알지도 못하고 접근하는 방법도 모른다면 아이들에게 제대로 알려줄 수 없을뿐더러 상황이 발생했을 때 제대로 대처할 수도 없습니다. 아이들에게 메타버스 공간에서 성희롱과 관련된 사건이 벌어질 수 있다고 알려주고 어른들은 아동·청소년 보호조치에 대한 제도도 만들고 불법 유해 정보를 모니터링하면서 기술적, 관리적 조치를 할 수 있도록 노력해야 합니다.

미래 인재의 조건, 컴퓨팅 사고력

메타버스는 디지털로 이루어져 있습니다. 디지털은 컴퓨터에서 데이터를 처리하는 단위로 0과 1로 자료와 정보를 저장하고 표현합니다. 현실세계에서 전달하는 말과 글은 아날로그 정보라고 하고 컴퓨터로 표현하는 정보는 디지털 정보라고 하는데, 디지털은 아날로그와 다른 특징이 있습니다. 디지털은 컴퓨터를 통해서 나타나기 때문에 현대의 전기전자식 컴퓨터의 작동 방식에 따른 특징을 가지고 있습니다. 아날로그 정보가 디지털 정보로 바뀌면 어떤 장단점이 있을까요?

예를 들어 여러분이 가족사진을 찍었다고 생각해 봅시다. 가족사진을 사진관에서 찍어서 액자에 걸어 두었을 경우와 디지털 사진으로 만들어서 스마트폰에 저장해 두었을 경우 어떤 차이점이 있나요? 액자로 걸어 둔 사진은 집에 들어오는 사람들만 볼 수 있고 아날로그 감성을 자극합니다. 집안에 걸면 가족의 행복을 보는 것 같고, 인테리어 효과도 있습니다. 하지만 시간이 지나면 빛도 바래고 다른 곳으로 옮기거나 사람들에게 공유하기가 어렵죠. 반면 핸드폰에 저장된 사진은 특정 장소와 분위기를 느끼게 되는 것보다는 내가 필요할 때 꺼내서 보는 정보의 개념이 더 강합니다. 또한 디지털 사진이므로 얼마든지 수정과 복사, 공유, 재창작 등이 가능합니다. 아날로그와 디지털의 차이점은 다른 부분도 많지만 이 정도로만 설명해도 어떤 차이가 있는지 이해하실 겁니다.

디지털 지구에서 살아가기 위한 기초 소양으로 디지털 리터러시를 이해했다면 다음 단계로 디지털 리터러시에서 강조하는 '문제해결력'도 이해하면 좋습니다. 여기서 디지털 문제해결력을 다른 말로 하면 '컴퓨팅 사고력(computational thinking)'이라고 할 수 있습니다. 컴퓨팅 사고력은 쉽게 설명하면 '컴퓨팅 파워(computing power)'를 이용해서 아이디어를 표현하고 문제를 해결하는 능력이라고 보시면 됩니다. 앞에서는 디지털 리터러시를 실천할 때 사용하는 사고능력 중 하나라고 설명했는데, 이번 장에서 컴퓨팅 사고력이 왜 미래 인재의 조건인지 자세하게 설명해 보겠습니다.

2019년 초등학교 소프트웨어 기초교육 의무화로 사실상 초중고 전 교과과정에서 코딩이 중요한 과목으로 부상하였습니다. '코딩(coding)'이라는 말은 컴퓨터로 코드를 작성하는 것을 의미하는데, 이 코딩을 교육적으로 접근하면 조금 다른 개념이 됩니다. 단순하게 코드를 작성하는 행위가 아니라 내가 생각한 것을 컴퓨터가 수행하도록 코드로 작성하는 것이고, 이런 방법을 알려주는 것이 바로 코딩교육입니다. 코드로 작성하는 목적은 내가 생각한 것을 컴퓨터에게 일을 시키기 위해서입니다. 컴퓨터에게 일을 시키면 계산도 빨리하고 정보도 효율적으로 처리하고, 새로운 작품도 만들 수 있기 때문이죠.

그렇다면 코드로 컴퓨터에게 일을 시키기 위해서는 어떤 사고력을 사용해야 할까요? 수학이나 과학문제를 접할 때는 논리적인 사고력을 사용해서 문제를 이해하고 해결하려고 합니다. 그림을 그리거나 춤을 출 때는 어떤가요? 자신의 아이디어를 표현하기 위해 창의적인 사고력을 사용하게 됩니다. 이렇듯 우리가 접하는 문제의 성격에 따라서 여러 가지 사고력을 사용하게 됩니다. 컴퓨팅 사고력은 디지털 지구에서 디지털 정보를 다루어 문제를 해결할 때 사용하는 사고력입니다. 우리나라 정보 교육과정에서는 '컴퓨팅 사고력'의 정의를 다음과 같이 설명합니다.

"컴퓨팅 사고력은 컴퓨터과학의 기본 개념과 원리 및 컴퓨팅 시스템을 활용하여 실생활 및 다양한 학문 분야의 문제를 이해하고 창의적으로 해법을 구현하여 적용할 수 있는 능력을 말한다. 컴퓨팅 사고력은 추상화 능력과 프로그래밍으로 대표되는 자동화 능력을 포함한다. 추상화는 문제의 복잡성을 제거하기 위해 사용하는 기법으로 핵심요소 추출, 모델링, 문제 분해, 분류, 일반화 등의 과정으로 이루어진다. 추상화 과정을 통해 도출된 문제해결 모델은 프로그래밍 과정을 통해 자동화된다."[63]

교육과정에서 나와 있는 내용이라 다 이해하지 않으셔도 됩니다. 설명이 복잡한 것 같지만 쉽게 설명하면 인간이 모든 과정을 처리하는 일반적인 문제해결 과정과 달리 문제해결 과정에 컴퓨팅 파워를 이용하겠다는 것입니다. 예를 들어 수학자인 폴리아(Polya)가 주장한 문제해결 과정은 '문제 이해—계획작성—계획 실행—반성'으로 이루어집니다. 이런 문제해결 과정은 과학이나 수학에서 많이 적용되는데, 과학 분야에서는 '문제 상황—문제 정의—문제에 대한 가설 수립—가설 검증을 위한 자료 수집—가설 검증—결론 도출 및 문제해결'의 흐름으로 이어집니다.

컴퓨팅 사고력을 통한 문제해결 과정은 이와 비슷하지만 인간과 컴퓨터가 하는 역할로 구분됩니다. 크게 인간이 주로 하는 추상화 과정과 컴퓨터가 주로 하는 자동화 과정으로 나뉘는데요. 문제를 풀기 위한 계산은 컴퓨터가 하고 문제를 풀기 위한 데이터를 수집하고 데이터를 처리하기 위한 알고리즘을 만들어서 코드로 변환하는 프로그래밍 작업은 인간이 하는 것입니다.

컴퓨터의 자동화 과정
(출처: 김현철, 김수환(2020), 처음 떠나는 컴퓨터 과학 산책)

이런 과정에서 사용되는 것이 컴퓨팅 사고력입니다. 다시 설명하면, 컴퓨팅 사고력은 컴퓨팅 파워를 이용해서 자신의 아이디어를 표현하거나 문제를 해결하는데 활용하는 능력을 말합니다. 컴퓨팅 파워를 이용하려면 컴퓨팅의 원리를 알아야 하고 컴퓨터에게 명령을 내릴 수 있는 알고리즘과 프로그래밍을 할 줄 알아야 합니다. 그래야 컴퓨팅 파워를 이용해서 문제를 해결하는 단계까지 갈 수 있습니다.

여기서 흔히 오해하는 부분이 있는데, 우리 아이는 프로그래머나 소프트웨어 개발자가 꿈이 아니니 컴퓨팅 사고력이 필요 없는 것 아니냐는 것입니다. 저는 소프트웨어와 인공지능 교육의 필요성을 연수하러 다니는데, 실지로 학부모 연수에서 이런 질문을 굉장히 많이 받습니다. 어떤 부모님들은 국어, 수학, 영어, 과

학을 배우기도 바쁜데 코딩까지 또 배워야 하냐며 한탄을 하시는
분도 계십니다.

한 가지 사례로 위의 질문에 답해 보겠습니다. 우리나라에서
는 소프트웨어 교육이라고 부르지만, 미국이나 영국에서는 '컴
퓨터과학 교육'이나 '컴퓨팅 교육'이라고 부릅니다. 영국에서는
2012년 미래 아이들을 위한 교육 개혁을 제시하면서 「Shut down?
or Restart?」라는 보고서를 발간하였습니다. 이 보고서에서는 미
래 세대에게 필요한 역량은 기존의 ICT 교육만으로는 어려우므
로 디지털 리터러시와 컴퓨터과학 교육이 필요하다고 제시합니
다. 그리고 '컴퓨팅(Computing)'이라는 교과를 새로 만들고 초등
학교부터 고등학교까지 매주 1시간씩 교육을 하자고 제안합니
다. 실제로 2014년부터 컴퓨팅 교과를 새로 만들어서 각급 학교
에 적용하고 있습니다. 물론 영국은 주(state) 단위로 교육과정을
운영하기 때문에 적용하지 않는 학교도 있지만, 대부분 학교에서
적용하려는 추세를 보입니다. 이 컴퓨팅 교과의 목표가 바로 아
이들에게 '컴퓨팅 사고력'을 길러주는 것입니다. 미래 세대에게
꼭 필요한 사고력이라고 보는 것이죠.

또 한 가지 예를 들어보겠습니다. 이 책의 여러 군데에서 사례
로 제시하고 있는 '스크래치(scratch)'라는 도구는 교육용 프로그
래밍 언어라고 할 수 있습니다. 보통 프로그래밍 언어는 씨(C)언
어나 자바(JAVA), 파이썬(PYTHON) 등이 있는데 이런 언어는

산업 분야에서 실제 프로그래밍 언어로 사용하는 것들입니다. 이에 비해 스크래치는 교육용으로 개발된 언어로 블록형으로 조립해서 프로그램을 만들 수 있는 언어입니다. 스크래치는 2008년에 MIT 미디어랩에서 처음으로 만들어서 배포했는데, 놀랍게도 지금은 전 세계 200여 개국에서 사용하고 있습니다. 70여 개의 언어로도 번역되어서 사용되는 상황이죠. 이렇게 많은 국가가 스크래치를 컴퓨팅 사고력을 함양하기 위한 교육으로 시행하고 있습니다. 우리나라에서는 '코딩교육'으로도 불리는데, 초중고 학생들을 위한 코딩교육은 프로그래머를 양성하기 위한 교육이 아니고, 디지털 세상에서 생각하는 힘과 문제해결력을 길러주기 위한 교육입니다.

따라서 컴퓨팅 사고력 교육은 모든 학생에게 꼭 필요한 교육입니다. 메타버스 공간에서 살아갈 아이들에게 필요한 사고력입니다. 모든 학생에게 가르쳐야 할 사고력이기에 어떤 내용인지 조금 더 구체적으로 살펴보겠습니다. 컴퓨팅 사고력은 앞서 설명한 것처럼 크게 '추상화(abstraction)'와 '자동화(automation)'로 구성되어 있습니다. 일반인들에게 '추상화(抽象化)' 하면 무엇이 떠오르냐고 질문하면 대부분 '피카소의 추상화(抽象畵)'를 떠올립니다. 피카소의 추상화는 한자로 '그림 화(畵)'이고, 우리가 말하는 추상화는 한자로 '될 화(化)'입니다. 원래 추상화의 의미는 대상이나 상황을 설명하기 위해 불필요한 사항을 제거하고 핵심적인 사항만 보여주거나 묘사하는 것을 말합니다. 피카소가 황소의 세부적인 것은 생략하고 황소의 외관과 뿔만으로 표현한 것처럼 말입니다. 컴퓨팅 사고력의 추상화도 개념은 같지만 디지털 정보를 다루는 추상화라는 점에서 다릅니다. 즉 컴퓨팅 사고력의 추상화는 추상화의 다음 과정인 자동화를 위해서 필요한 과정이기 때문에 추상화를 합니다. '자동화(自動化)'를 쉽게 설명하면 프로그래밍 언어로 컴퓨터에게 명령을 내려서 일을 시키는 과정입니다. 역으로 생각하면 프로그래밍 언어로 명령을 내리기 위해서는 일을 처리하기 위한 순서대로 알고리즘을 만들어야 합니다. 알고리즘을 만들기 위해서는 어떤 데이터를 어떻게 받아들이고 계산할지 순서대로 적어보는 것이 필요합니다. 이 과정이 바로 컴퓨팅 사고력의 '추상화'입니다.

이제 어느 정도 감이 잡히셨나요? 앞서 살펴본 산업계와 직업군의 변화는 컴퓨팅에 의한 자동화의 정도에 따라 결정됩니다. 이제 아이들은 어떤 직업군을 가지던 컴퓨팅 파워를 활용할 수 있어야 합니다. 스스로 프로그램을 만들지 못하더라도 문제해결을 위해 아이디어를 내고 설계하는 정도는 기본적으로 할 수 있어야 합니다.

그렇다면 컴퓨팅 사고력은 우리가 기존에 알고 있는 논리적 사고력이나 창의력과는 어떤 관계가 있을까요? 컴퓨팅 사고력은 여러 가지 사고력과 연결되어 있어서 어느 한 사고력에 국한하기 어렵습니다. 다중지능을 주장한 가드너가 제시한 사고력에서는 논리, 수학적 사고력과 연관성이 가장 많지만 창의력이나 예술분야와도 연결이 됩니다.

← 컴퓨터 과학적 사고의 범주 →								
알고리즘적 사고					광의의 알고리즘적 사고			
재귀적 사고			광의적 사고					

					창의적 사고			
			넓은 의미				좁은 의미	
논리적 사고								
좁은 의미			표준 의미	넓은 의미	시스템적 사고	발산적 사고	상징적 사고	
기호적 사고	분석적 사고 (개념적 분석, 텍스트 분석)	추론적 사고 (분석적추론 (연역) 종합적 추론(귀납)	종합적 사고	대안적 사고 (관점 및 발상 전환, 대안 창안)				
←수리성 수렴적 사고	비판적 사고					→예술성		

컴퓨터 과학적 사고의 구성요소
(출처: 정영식 외(2016). 「소프트웨어 교육론」; 김병수, 「계산적 사고력 신장을 위한 PPS 기반 프로그래밍 교육 프로그램」에서 재구성)

컴퓨팅 사고력을 기르게 되면 아이들은 어떤 일을 하게 될까요? 제가 부모님들을 대상으로 하는 강연에서 주로 쓰는 사진인데, 2016년 스크래치 콘퍼런스에서 경험한 이야기를 들려드리려고 합니다. 스크래치 콘퍼런스는 2년마다 한 번씩 미국 보스턴에 있는 MIT 미디어랩에서 열립니다. 스크래치 창시자인 레스닉 교수의 강연도 듣고 직접 만날 수도 있는데, 2016년 당시에 전체 강연 중에 레스닉 교수과 함께 강연한 중학생이 있었습니다. 바로 탈린(Taryn)이라는 남아프리카공화국 국적의 소녀였습니다. 당시 저도 콘퍼런스에 참석하고 있었는데 사진과 같이 전 세계 사람들 앞에서 자신의 프로젝트를 발표하는 탈린의 이야기를 감명 깊게 들었습니다. 탈린의 작품 중에서 많은 이에게 감동을 주었던 작품은 「The Colour Divide」입니다. 지금도 유튜브에 공개되어 있는데, 탈린은 남아프리카공화국에서 겪은 인종차별에 대한 문제를 사회에 알리고자 이 작품을 만들었다고 합니다. 탈린의 이런 활동은 더 나은 세상을 만들기 위해 컴퓨팅 사고력을 활용하는 좋은 모범 사례입니다.

2016년 스크래치 콘퍼런스에서 탈린이 발표하는 모습(출처: 저자가 찍은 사진)

탈린의 스크래치 작품 「The Colour Divide」
(출처: https://www.youtube.com/watch?v=sZFtdM3QSzQ&t=10s)

탈린의 작품이 높게 평가받는 이유는 이런 활동을 혼자의 힘
으로 이룬 것이 아니라 친구들과 협업했다는 사실입니다. 스크래
치에는 작품 오른쪽에 '참고사항 및 참여자' 항목이 있는데, 여기
에 작품 제작에 참여한 사람들의 아이디가 함께 기록되어 있는
것을 볼 수 있습니다. 스토리라인은 누가 함께 참여했는지, 목소
리는 누가 함께 녹음했는지 전부 살펴볼 수 있습니다. 레스닉 교
수의 책『평생유치원』에서도 탈린의 사례가 나오는데, 탈린은 '스
크래처(Scratcher)'로 활동하면서 실수를 두려워하지 않는 사람으
로 바뀌었다고 말합니다.

"이제는 어떤 어려움에 맞닥뜨리던 그걸 문제로 보기보다는
새로운 무언가를 배울 기회로 보게 되었어요. 제게 이건 창의적

자신감이에요."[64]

아이들이 컴퓨팅 사고력으로 자신의 아이디어를 표현하다 보면 주변의 문제를 해결하기 위해 사고력을 사용하게 되고 세상의 문제를 해결하는 활동으로 발전하게 됩니다. 그래서 스크래치 교육팀에서 제시하는 컴퓨팅 사고력의 마지막 영역은 바로 '관점(Perspectives)'입니다. 이 관점은 표현하기(Expressing), 연결하기(Connecting), 질문하기(Questioning)의 하위요소로 이루어져 있습니다. 자신의 아이디어를 표현하고, 세상의 여러 현상과 자원을 연결하며, 세상의 현상과 문제에 대한 의문을 품으며 해결하기 위해 질문할 수 있냐는 겁니다. 세상의 현상과 문제를 컴퓨팅 파워로 해결할 수 있을까 의문을 가지고 시도해 보는 아이들이 길러져야 합니다. 이런 관점을 가진 아이는 탈린처럼 세상의 문제를 해결하기 위해 컴퓨팅 사고력을 발휘하게 될 것입니다. 특히 혼자의 힘이 아닌 친구들과 협력하여 함께 더 나은 세상을 만들어가는 힘을 가지게 될 것입니다.

컴퓨팅 사고력을 갖춘 아이들은 문제를 해결할 때 팅커링(점진적으로 개선하기)하고 창작하며, 디버깅(오류를 발견하고 수정하기), 계속 도전하기, 협력하기를 하게 된다는 것입니다. 이런 자세는 디지털 세계에서 살아가는 아이들에게 꼭 필요한 부분입니다. 메타버스에서는 능동적으로 스스로 행동해야 무언가가 일어납니다. 자리를 움직여서 해당 장소로 이동해야 소통할 수 있고, 자신의 의사를 표현하고 참여해야 다음 일들이 일어납니다. 이런 상황은 현실세계도 비슷하지만 메타버스에서는 그 정도가 더 심합니다. 아프리카의 작은 소녀 탈린이 했던 것처럼 친구와 협력하여 함께 작품을 만들고 공유하는 문화가 우리나라에서도 확산되면 좋겠습니다.

스팀 교육과 융합교육

오늘날 세계적인 IT기업을 이끄는 상당수의 CEO나 개발자들이 정작 컴퓨터 관련 학과를 전공하지 않았다는 사실을 아시나요? 이름만 대면 알 수 있는 IT 관련 기업의 수장이 대학 시절 철학이나 역사학, 종교학 같은 문사철(文史哲)을 전공했다면 믿어지시겠습니까? 이는 IT기업과 스타트업 기업, 그리고 소위 유니콘 기업의 CEO와 개발자들이 컴퓨터 전공자 일색인 국내의 상황과는 사뭇 다른 점입니다.

베스트셀러『제로 투 원』의 저자이자 페이팔을 개발하며 핀테크 사업을 개척한 거물 투자자 피터 틸(Peter Thiel)은 미국 명문대로 알려진 스탠퍼드대학에서 철학과 종교학을 전공했습니다. 미

국 최대의 컴퓨터 기업 휴렛팩커드의 CEO를 지낸 칼리 피오리나
(Carly Fiorina)도 스탠퍼드대학에서 중세 역사를 전공했습니다.
구글의 창립 멤버이자 오늘날 유튜브 CEO로 있는 수전 부이치
스키(Susan Wojcicki) 역시 하버드대학에서 중세 역사와 영문학을
전공했습니다. 미국 최대 유기농 유통기업 홀푸드마켓을 창업한
『의식적인 자본주의』의 저자 존 맥키(John Mackey)는 텍사스대
학에서 철학을 전공했습니다. 이뿐 아닙니다. 링크드인을 창업한
리드 호프먼(Reid Hoffman) 역시 스탠퍼드대학에서 철학을, 플리
커를 창업한 스튜어트 버터필드(Stewart Butterfield) 역시 빅토리
아대학에서 철학을, 에어비앤비를 창업한 브라이언 체스키(Brian
Chesky) 역시 로드아일랜드디자인스쿨에서 미술학을, 스냅챗을
창업한 에반 슈피겔(Evan Spiegel) 역시 크로스로드아트스쿨과 오
티스아트앤디자인스쿨에서 산업디자인을, 로지테크의 CEO 브
레켄 대럴(Bracken Darrell)은 핸드릭스칼리지에서 인문학을 전공
했습니다.

　미래사회를 예측하는 학자들이 공통으로 주장하는 특성은 사
회가 변화하는 속도가 점점 가속화된다는 것입니다. 그중 대표적
인 분야가 인재상의 변화입니다. 오늘날 21세기에는 산업혁명 시
대에 각광 받던 T자형 인재보다는 멀티 플레이어의 성향을 지닌
M자형 인재가 필요하다고 말합니다. T자형 인재는 자신의 전문
분야에 깊은 지식을 가지고(I) 폭넓은 교양(ㅡ)까지 섭렵한 인재

입니다. 깊이와 넓이를 함께 가지고 있는 거죠. 반면 M자형 인재는 하나의 영역에서만 깊이가 있는 것이 아니라 다양한 영역에서 전문적인 자질을 가지고 이를 하나로 융합할 수 있는 인재를 말합니다.

조향숙 박사도 비슷한 주장을 하는데 『AI 세대에게 딱 맞는 자녀 교육을 세팅하라』에서 자신만의 미지의 능력(X1)을 다양한 시도를 통해 표현하고(X2), 이를 사회(사람)와 융합해 나가는 (X3) X형 인재가 미래사회가 요구하는 인재상이라고 말하고 있습니다.[65] 그렇다면 어떻게 하면 내 아이들을 M자형이나 X자형 인재로 키울 수 있을까요? 그중 하나는 교육이 스템(STEM)에서 스팀(STEAM)으로 나아가는 것입니다. 우리나라에는 '융합인재교육'으로 알려진 스팀 교육은 자칫 소외되거나 소홀하게 여겨질 수 있는 인문학의 중요성을 다시 강조하는 교육이라고 할 수 있습니다. 스템 교육이 과학(Science)과 기술(Technology), 공학(Engineering), 수학(Mathematics)으로 교육의 핵심을 이룬다면, 스팀 교육은 여기에다가 인문학(Arts)을 추가한 것입니다.

스템 교육은 2000년대 초반 미국에서 시행되었습니다. 당시 기술의 발전이 가속화되고 일자리는 첨단산업 분야에서 증가하는데, 학생들은 대학에서 이공계를 선택하는 비율이 낮아지는 현상을 극복하기 위해 시작되었습니다. 주딧 라말리(Judith Ramaley) 박사는 스템 교육을 고등교육 커리큘럼에 포함한 인물로 알려져 있습니다. 라말리 박사는 과학에 대한 기초적인 지식과 이를 적용할 수 있는 능력 없이는 미래사회의 바람직한 시민이 될 수 없다고 판단하여 커리큘럼에 스템을 적극적으로 도입한 거죠. 당시 OECD에서 주관하는 학업성취도 평가에서 미국 학생들이 과학과 수학 분야에서 계속 중하위권으로 밀려나는 현상이 이러한 스템 교육의 강조로 이어진 것입니다. 여기에는 특히 인도와 중국, 한국 같은 아시아 국가들이 파견한 학생들이 수학 올림피아드나 각종 국제 대회에서 1등을 휩쓸면서 미국과 캐나다, 영국 같은 전통적인 선진국들이 위협을 느낀 이유도 있었습니다. 미국 입장에서 과학과 수학 교육의 강화는 국가 경쟁력을 확보하는 차원에서 시급한 과제였습니다. 이런 현상은 영국에서도 비슷하게 나타났는데, 2004년 「과학과 혁신을 위한 기본틀」을 발표하면서 영국 정부는 스템 교육을 자신들의 정책으로 포함합니다. 미국의 스템 교육을 영국뿐 아니라 호주, 프랑스 정부도 벤치마킹하면서 교육의 트렌드가 되었습니다.

우리나라에서는 2012년 한국과학창의재단에서 시행한 기초 연구를 통해서 선진국의 스템 교육을 받아들이는 과정에서 인문학을 추가하여 스팀(STEAM) 교육으로 개념을 정립합니다.[66] 여기서 아트(Arts)는 단순히 '예술'이 아니라 '예술, 경영 및 인문·사회 등의 모든 분야, 즉 스템에 포함되지 않는 다른 모든 학문 분야로 확장이 가능'하다고 설명합니다. 2012년에 발간된 스팀 교육 기초보고서에는 융합인재교육을 통해 양성하는 인재의 핵심 역량을 창의(Creativity)와 소통(Communication), 융합(Convergence), 배려(Caring)로 제시하였습니다. 또한 학습을 위한 준거틀로 상황 제시와 창의적 설계, 감성적 체험을 제시했습니다. 상황 제시에서는 학생이 문제해결의 필요성을 구체적으로 느낄 수 있는 상황을 주고 이를 해결하는 방법을 추론하도록 했습니다. 창의적 설계는 학생이 스스로 문제해결의 방법을 찾아가도록 지식을 융합하여 문제를 정의하고 해결하는 과정으로 이루어집니다. 감성적 체험은 실제 설계과정을 통해 성공과 실패를 경험하면서 새로운 도전의식을 가지는 활동으로 구성됩니다.

저도 2013년경 교육대학원에서 융합인재교육에 대한 강의를 했었는데, 당시 디지털 환경에서의 문제해결력을 길러주는 교재를 개발했습니다. 그때 참고했던 미국 교재에는 다음과 같은 융합교육 내용이 실려 있습니다.[67] 이 교재에는 아이들에게 다양한 융합문제를 제시하는 것부터 시작하는데, 다음 그림과 같이 행성X에 이주해야 하는 상황을 제시합니다. 이때 좀 더 구체적으로 '행성X의 날씨를 기상학자는 어떻게 예측할까?'라는 질문을 던집니다. 또는 '인류는 왜 우주탐사를 하는가?'라는 질문을 던질 수도 있습니다. 이런 질문은 융합인재교육에서 사용할 수 있는 상황 제시 질문이 될 수 있습니다. 이 질문에 답하려면, 과학에서는 행성의 특징을 탐색하고, 수학에서는 큰 수를 나누거나 곱하는 식을 만들 수 있어야 합니다. 언어에서는 행성과 관련된 소설을 읽을 수 있고, 예술과 공학에서는 태양계를 만들어 볼 수 있습니다. 체육에서는 행성의 공전, 자전을 몸으로 표현해 볼 수 있고, 사회에서는 그리스-로마 신화의 행성과 관련된 역사를 찾아볼 수 있습니다. 이런 식으로 행성의 여러 조건을 탐색하기 위한 수업을 하게 됩니다.

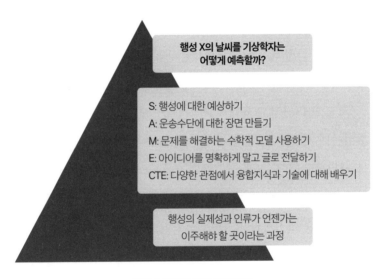

본질적 질문의 과정 예시 자료
(출처: Vasquez, J. A., Sneider, C. & Comer, M.(2013). STEAM Lesson Essentials, Grades 3-8, Heinemann, Portsmouth, NH.)

융합교육의 취지는 스템 교육이 단순한 지식융합이 아니라 아이들이 과학, 기술, 공학, 수학을 바탕으로 문제를 해결하기 위한 전 과정을 포함한다고 볼 수 있습니다. 초중고 현장에서는 스팀 교육 정책에 대해 부정적인 의견도 있으나, 원래 취지와 교육 방향은 바람직하게 설정되었다고 봅니다. 특히 우리나라에서 인문학(Arts)을 포함한 형태의 교육으로 설정한 것은 최근 인성교육과 관련하여 의미 있는 시도라고 볼 수 있습니다. 현재는 미국, 영국에서도 스템에 인문학을 포함하는 추세로 가고 있으니까요.

그렇다면 메타버스 시대에 왜 융합교육과 스팀 교육이 중요할까요? 앞서 살펴본 바와 같이 메타버스에서 활동하다 보면 컴퓨터 기술에 익숙해지고, 다양한 디지털 도구를 자연스럽게 접하게 됩니다. 기술을 사용하다 보면 쉽고 편리한 것에 익숙해지죠. 그리고 메타버스의 특성상 다양한 사람과의 소통과 교류도 쉬워집니다. 이렇게 다양한 사람을 만나고 자원을 이용할 수 있게 되면, 영역 간의 경계를 허물고 이질적인 것과의 결합을 시도하려는 자세가 필요합니다. 이런 자세를 길러주는 것이 바로 융합인재 교육의 목표입니다. 융합교육의 필요성을 주장하는 전문가들은 융합교육을 통해 서로 다른 영역에 대한 공감과 상호이해, 소통, 배려, 협력을 통해 영역 경계의 자기 해체와 재구성을 가능하게 하며, 그러한 해체와 재구성이 인류의 진보를 촉진한다고 합니다.[68]

2019년에 나온 융합교육 종합계획 수립을 위한 보고서[69]에서는 현재의 융합인재 교육(STEAM)을 넘어선 '융합교육 2030'을 제안하고 있습니다. 이 융합교육 2030의 목표는 다음과 같습니다. 첫째, 인간과 인간 간의 바람직한 관계 맺기를 위한 사회성 및 정서교육, 둘째, 인간과 사물(사건/자연)의 관계를 통한 탐구 및 문제해결 교육, 셋째, 사물과 사물 사이의 혁신적 연계를 통한 변혁 가능한 역량 교육, 넷째, 관계성과 책임감을 토대로 새로운 가치와 문화를 창출하는 교육입니다. 메타버스의 특성상 이런 관계와 탐구, 새로운 가치와 문화 창출의 교육이 효율적이고 효과적으로 이루어질 가능성이 큽니다. 앞으로 융합교육 2030이 메타버스에서 펼쳐질 것으로 예상합니다.

part III
메타버스 시대의 자녀교육

"간단히 말해서, 우리는 증강현실이 우리가 기술을 사용하는 방식을
영원히 바꿀 것이라고 믿는다. 우리는 이미 여러분의 업무, 게임, 연결 및
학습 방식이 변화하는 걸 목도하고 있다."
- 팀 쿡(Tim Cook) -

디지털 리터러시 실전 연습

"스마트폰은 언제 사주는 게 좋을까요?"

학부모 강연이 끝나면 가장 많이 듣는 질문 중 하나입니다. 중요한 것은 스마트폰의 유무가 아니라 스스로 사용을 통제할 수 있느냐의 문제입니다. 저는 스마트폰 없는 세상에서 살 수 없다면 힘들고 시간이 오래 걸리더라도 무엇보다 먼저 스마트폰을 올바로 사용할 수 있는 힘을 길러주는 것이 필요하다고 생각합니다. 물론 시행착오의 시간이 있겠지만 올바른 습관이 정착되면 아이는 스스로 통제할 힘을 가지게 될 것입니다. 적절한 시간만큼, 목적에 맞추어 스마트폰을 사용하는 습관을 들여야 합니다.

유튜브를 보면 간혹 폭력적이거나 잔혹한 영상이 뜨는 걸 보게 됩니다. 성적인 영상이나 인종차별, 성차별, 혐오스럽고 비윤리적인 내용도 심심찮게 올라옵니다. 잘해야 초등학교 학생에 불과해 보이는 아이인데 공공장소에서 폭력적인 영상이나 가짜뉴스 영상을 버젓이 시청하고 있는 걸 보면 깜짝 놀라곤 합니다. 메타버스에서의 교육에서도 중요한 영역이 바로 윤리교육입니다. 디지털 세계에서의 윤리교육은 디지털 리터러시 교육을 기반으로 하고 있습니다. 디지털 리터러시는 저절로 길러지지 않습니다. 꾸준한 실천으로만 가능합니다. 이번 장에서는 제가 자녀들에게 디지털 리터러시를 길러주기 위해 시도했던 다양한 방법을 소개하겠습니다.

앞서 살펴본 바와 같이 디지털 리터러시는 디지털 정보를 읽고 이해하고 해석하는 것뿐만 아니라 자신의 아이디어를 표현하고 다른 친구들과 협력하는 과정 모두를 포함합니다. 스마트폰을 들고 태어나는 포노 사피엔스들은 자신의 아이디어를 메타버스 환경에서 적절히 표현할 줄 알아야 합니다. 내용뿐 아니라 표현하는 방식에서도 바르지 못하면 그 콘텐츠는 디지털 세계를 흐리고 망가뜨리는 쓰레기로 전락하게 됩니다. 그렇다면 어떻게 자녀에게 내용과 방식 모두 건강한 디지털 리터러시를 가르칠 수 있을까요? 디지털 리터러시는 디지털 기기의 올바른 사용법에서 출발한다고 해도 과언이 아닙니다. 세계보건기구와 전문가들이 제시하는 올바른 스마트기기 사용방법은 다음과 같습니다.[70]

- 만 1세 미만의 아이는 전자기기 화면에 노출되지 않기
- 만 2~5세 아이에게는 하루에 1시간으로 제한하기
- 만 5세 이상은 최대 2시간이 넘지 않도록 하기
- 과도한 스크린 타임은 아이들의 언어와 문해력, 상상력, 자기감정 조절능력 등에 부정적인 영향을 미침
- 좋은 스크린 타임 늘리기: 좋은 스크린 타임이란 좋은 교육 프로그램을 부모가 같이 시청하고 대화를 나누거나 교육용 게임을 아이와 같이 즐기는 것임
- 스크린 타임 육아 원칙 정하기: 모범이 되어 주기, 규칙을 정하기, 아이와 소통하기 등

스마트기기의 사용법을 습관화하기 위해 몇 가지 실천했던 사례 중 '화장실에 갖고 가지 않기'와 '폰스택' 방법이 있습니다. 폰스택 게임(Phone stack game)은 2010년대 초반 미국 청년들을 중심으로 유행했던 방법인데요. 식당에서 각자의 핸드폰을 쌓아놓고 모임 동안 먼저 핸드폰에 손을 대는 사람이 벌칙으로 밥값을 계산하는 게임입니다. 식사시간만이라도 대화를 나누자는 의도로 시작했다고 합니다. 우리 가족도 외식하러 식당에 가면 폰스택 게임을 합니다. 핸드폰을 쌓아놓고 식사시간에는 보지 않는 것이죠. 의도적으로 이렇게 하다 보면 아이들은 식당에서 핸드폰을 만지작거리는 것보다 가족과 대화를 나누면서 식사하는 것이

습관이 됩니다. 밥 먹는 시간만큼은 눈을 마주치며 이야기를 하다 보면 평소에 하지 못했던 이야기가 자연스럽게 나옵니다. 그렇게 아이들의 마음을 이해할 기회도 만들고 올바른 스마트폰 사용법도 체득할 수 있습니다.

스마트폰 사용과 비슷하게 게임도 올바른 습관을 지녀야 합니다. 제가 아들과 했던 방법은 게임 시간을 함께 정하는 것이었습니다. 아이들이 하는 게임은 연령대별로 점점 발전합니다. 제 아들을 보면 어렸을 때는 쥬니어네이버나 간단한 게임 어플로 시작했는데 점점 플레이어를 조작하는 게임인 카트라이더나 테일즈런너 등으로 발전하였습니다. 이후에는 여러 게임을 거쳐 멀티유저들이 함께 하는 롤플레잉 게임으로 발전하게 되었습니다. 청소년기를 거치면서 자신의 성향에 따라 다양한 장르의 게임을 섭렵하는 단계에 이르게 됩니다. 이렇게 게임의 종류와 장르가 다양해지면서 아들과는 약속, 불이행, 재약속의 연속이었습니다. 우리 가족은 매년 1월 1일에 연간 계획을 세우는데 이때 매번 게임 시간 약속을 정하곤 했습니다. 보통 일주일에 주말을 포함해서 3일을 하고, 한번 할 때 2시간까지만 하기로 정했습니다. 물론 아들은 그 시간을 넘기기가 일쑤였지만 함께 규칙을 정하고 지키려고 노력했습니다. 가끔 아들이 폭주할 때면 얼마간 지켜보다가 다시 혼내고 규칙을 확인하기를 반복했습니다. 이제 아들은 대학생이 되었고 게임 시간을 정하지 않아도 스스로 시간을 조절해서 게임을 즐기게 되었습니다.

아이와 규칙을 세울 때 부모의 의견만 반영되거나 반대로 아이의 의견만 반영되지 않도록 하는 방법이 있습니다. 토마스 고든(Thomas Gordon)이 지은 『부모 역할 훈련』이라는 책에서는 이 방법을 원-윈(win-win) 또는 '무패방법'이라고 합니다.[71] 이 책에서 제시하는 무패방법의 단계는 다음과 같습니다. 이때 가장 중요한 포인트는 아이와 함께 서로를 존중해 가면서 각 단계를 실천해야 한다는 점입니다.

1단계: 갈등을 확인하고 정의한다.
2단계: 가능한 해결책을 여럿 생각해낸다.
3단계: 각 해결책을 공정하게 평가한다.
4단계: 가장 좋은 해결책을 결정한다.
5단계: 결정된 것을 실천할 구체적인 방법을 생각한다.
6단계: 이후에 잘 실천되었는지 확인한다.

이 무패방법을 적용할 수 있는 문제는 다양합니다. 용돈과 돈 관리, 집안 관리나 집안일 분담, 물건 사기, 텔레비전 시청, 게임기 사용, 휴가 계획 짜기, 손님이 왔을 때의 행동, 휴대전화 사용 시간, 잠자는 시간, 식사시간, 자동차에서 앉는 자리 정하기, 컴퓨터 사용 시간, 먹으면 안 되는 음식, 방이나 벽장 공간 나누기, 방

정리 등 주변의 일들을 하나씩 정하고 규칙을 스스로 세우도록 합니다. 토마스 고든은 미국 부모들의 사례를 모아서 제시한 것인데, 동서고금을 막론하고 가정에서 일어나는 문제는 대부분 비슷한가 봅니다. 단계별로 '적극적 듣기'와 '나 메시지법' 등이 사용됩니다. 이런 방법을 자세하고 알고 싶으시면 『부모 역할 훈련』을 읽어보시면 됩니다. 갈등 상황을 해결할 수 있는 매뉴얼과 같은 책입니다.

우리 가족은 매년 1월 1일이면 교회에서 송구영신 예배를 드리고 귀가합니다. 보통 집에 오면 새벽이라 늦잠을 자고 일어나 떡국을 먹고 늦은 오후에 가족이 한자리에 모입니다. 그리고 이 자리에서 1년 동안 할 일들을 논의하고 각자가 달성할 목표를 세우는 연간 계획 세우기를 합니다. 먼저 가족이 함께할 공동의 목표를 세웁니다. 가족 전체의 계획을 세운 후, 개인별 계획을 스스로 세웁니다. 각자 자신이 실천할 계획을 말하면, 서로 의견을 내고 합의하는 과정을 거칩니다. 이렇게 완성된 가족 연간 계획은 냉장고에 붙여놓고 수시로 점검하게 됩니다. 그리고 매년 1월 1일이 되면 지난해 목표를 점검하고 개인별 목표를 가장 많이 달성한 사람에게 일정 금액의 상금을 시상합니다. 2021년에는 대학에 입학한 아들이 가장 많은 항목을 달성하고 보너스처럼 상금을 받았습니다. 아들은 상금을 동생에게 조금 나눠주고 자기가 평소에 사고 싶었던 컴퓨터 관련 물품을 샀습니다.

　　연간 계획을 세우고 가족이 함께 공동의 목표를 추구하거나 개인별 목표를 달성하기 위해 노력하는 것은 아이의 삶에 강력한 동기를 부여합니다. 이런 과정을 통해 아이는 자신의 삶에 대한 계획을 세우고 성취하는 경험을 하게 됩니다. 개인별 목표를 정할 때 아이가 먼저 자신의 의견을 얘기하면 부모로서 아이가 달성했으면 하는 목표를 조언하고, 서로 함께 동의하고 자신의 목표로 기록하는 과정으로 진행됩니다. 목표를 정할 때도 지식과 기능, 건강, 영성 등이 골고루 반영되도록 노력해야 합니다. 아이들은 이렇게 매년 스스로 목표를 세우고 목표를 달성하기 위해 노력합니다. 목표를 적은 연간 계획서는 집에서 가장 잘 보이고 가장 많이 이용하는 곳에 붙여두고 수시로 점검하면서 서로를 독려합니다. 이렇게 함께 공동의 목표를 추구하다 보면 가족과의 관계도 돈독해지고, 아이는 자신의 삶을 주도적으로 살아가는 방법을 자연스럽게 익히게 될 것입니다. 메타버스 시대에도 부모와 자녀의 역할은 변하지 않을 것입니다. 메타버스 공간에서도 자기주도적인 삶을 살 수 있도록, 아이가 스스로 결정하고 책임지는 태도를 기를 수 있도록 함께 노력해야 합니다.

미래를 준비하는 네 가지 지능

'4차 산업혁명'이라는 개념을 유행시킨 클라우드 슈밥의 『4차 산업혁명』 책에서는 다음 세대에게 필요한 지능으로 네 가지를 제시합니다.[72] 첫째, 상황맥락지능(Context intelligence) 지능은 정신에 관련된 것으로 인지한 것을 잘 이해하고 적용하는 능력을 말합니다. 둘째, 정서지능(Emotional intelligence)으로 마음에 관련된 것인데, 생각과 감정을 정리하고 결합해서 자기 자신 및 타인과 관계를 맺는 능력입니다. 셋째, 영성지능●(Inspired intelligence)인데 영혼에 관계된 것으로 변화를 이끌고 공동의 이익을 꾀하기 위해 개인과 공동의 목적, 신뢰성, 여러 덕목 등을 활

● 영감지능으로 번역되기도 하나, 이 책에서는 영성지능으로 통일하여 사용함

용하는 능력입니다. 넷째, 신체지능(Physical intelligence)인데, 몸과 관련된 것으로 개인에게 닥칠 변화와 구조적 변화에 필요한 에너지를 얻기 위해 자신과 주변의 건강과 행복을 구축하고 유지하는 능력입니다.

메타버스 시대에도 이 네 가지 지능은 꼭 필요합니다. 디지털 지구에서는 누구나 연결이 가능하고, 상상의 공간이 메타버스로 구현될 것이기 때문에 상황맥락을 이해하고 스스로 생각이나 감정을 조절할 수 있어야 합니다. 나아가 메타버스에서 하는 활동에 의미를 부여하고 공동의 목적을 위해 함께 참여하고 노력하는 태도가 필요합니다. 또한 자신의 신체 건강을 유지하기 위해 온·오프라인 활동을 조화롭게 할 수 있어야 합니다. 그리고 이러한 지능은 어느 하나만 강조될 수 있는 게 아니라 네 가지 모두 고르게 계발하고 습득할 필요가 있습니다.

이번 장에서는 각각의 지능이 메타버스에서 어떻게 연결될지 생각하면서 세부적으로 살펴보겠습니다. 먼저 상황맥락지능은 새로운 동향을 예측하고, 단편적 사실에서 결과를 도출할 수 있는 능력과 자발성을 뜻합니다. 이런 능력은 모든 세대를 관통하는 효과적인 리더십의 전형적인 특징으로 4차 산업혁명 시대에서는 '적응과 생존'의 전제조건이라고 말합니다. 메타버스 안에서는 다양한 사람들과 네트워크를 구축하고 활동하게 됩니다. 이때 네트워크 구성원들의 특성을 파악하고 효과적인 파트너십을 구축하는 것이 필요합니다. 아이들이 메타버스에서 활동한다면 서로의 상황을 이해하고 의견을 통합하기 위해 노력할 수 있는 상황맥락지능은 반드시 필요합니다.

두 번째로 정서지능은 자기인식, 자기조절, 동기부여, 감정이입, 사회적 기술과 같은 능력의 기반이 되는데, 정서지능이 높은 리더가 이끄는 조직은 더욱 창의적인 성향을 띠면서도 민첩함과 빠른 회복력을 갖추게 된다고 합니다. 메타버스에서 아이들이 소모적으로 활동하지 않으려면 스스로의 감정을 살펴볼 수 있어야 합니다. 자신이 감정을 통제하지 못하면 다른 사람에 의해 통제를 당할 수밖에 없다는 사실을 가르쳐주고 스스로 감정을 통제하는 사람이 얼마나 멋진 사람인지 소개합니다. 이때 이상적인 인물을 가시화하고 자신에게 대입할 수 있도록 지도합니다.

세 번째로 영성지능인데, 의미와 목적에 대해 끊임없이 탐구하는 능력을 말합니다. 영성지능에서는 공유가 핵심입니다. 메타버스에서는 모든 것이 디지털화되어 쉽고 빠르게 공유되는데, 이 공유가 공동의 목적을 향한 것이 아니라면 메타버스를 파괴하고 말 것입니다. 따라서 영성지능을 발휘해서 공동의 목적과 선을 위해서 메타버스를 가꾸고 발전시켜 나가는 노력이 필요합니다. 또한 영성은 자신보다 타인을, 우리보다 공동체를 생각하는 상호 호혜적인 가치를 내포하고 있습니다. 영성 있는 리더는 많은 이들의 존경을 받을 수 있습니다.

상황맥락지능(정신): 인지한 것을 잘 이해하고 적용하는 능력

정서지능(마음): 생각과 감정을 정리하고 결합해 자기 자신 및 타인과 관계를 맺는 능력

영성지능(영혼): 변화를 이끌고 공동의 이익을 꾀하기 위해 개 인과 공동의 목적, 신뢰성, 여러 덕목 등을 활 용하는 능력

신체지능(몸): 개인에게 닥칠 변화와 구조적 변화에 필요한 에 너지를 얻기 위해 자신과 주변의 건강과 행복을 구축하고 유지하는 능력

네 번째로 신체지능인데, 앞의 세 가지 지능을 뒷받침하기 위한 필수 조건으로 필요한 지능입니다. 생물학 분야의 이론 중 후성유전학이 있는데, 이 이론은 환경에 따라 유전자의 발현이 달라지는 과정에 관한 학문이라고 합니다. 후성유전학에서는 인간의 삶에서 수면과 영양공급, 운동이 가장 중요하다는 절대적 사실을 증명한다고 합니다. 아이들에게 현실세계뿐만 아니라 메타버스에서도 잘 살아가려면 함께하는 운동이 필요합니다. 자칫 디지털 세계에 머무르다 보면 현실세계에서 몸을 덜 움직이게 되고 비활동적인 경우가 많이 발생하게 됩니다. 이를 해결하기 위해 운동학(kinetics)과 디지털이 접목된 게임이나 활동을 자녀들과 함께 해보는 것도 좋을 것입니다.

슈밥의 '미래는 우리에게 달려 있다(The future is built by us).' 라는 주장처럼 메타버스의 미래는 준비하는 부모와 아이에게 달려 있습니다. 아이에게 물고기를 주는 것이 아닌 물고기를 잡는 법을 가르쳐주는 게 필요하죠. 생각하는 힘을 기르기 위해서는 무엇보다 학교 공부를 제대로 할 줄 알아야 합니다. 저는 학교 교육의 목적은 앎의 기쁨을 느끼게 해주는 것과 자신의 진로를 준비할 힘을 길러주는 것이라고 생각합니다. 앎의 기쁨은 모든 아이의 생각에 내재한 호기심에서 비롯된다고 볼 수 있습니다. 인간은 기본적으로 호기심을 가지고 있고 궁금해하는 것을 알게 되면 스스로의 만족감, 성취감 같은 것을 느끼게 됩니다. 작은 호기심을 충족하는 기회를 가지면 큰 호기심도 해소하기 위해 노력하게 됩니다. 이런 배움의 과정이야말로 학교 공부를 통해서 배워야 하는 원리입니다. 아이들은 학교에서 자신이 궁금해하고 관심이 있는 분야를 배우고 그 과정에서 기쁨과 성취감을 느껴야 합니다. 그리고 이런 공부의 과정은 학생일 때뿐만 아니라 어른이 되어서도 필요한 과정입니다. 배움의 즐거움을 느끼고 그런 배움이 자신의 잠재능력을 꺼내어 자신의 적성을 발견하고 훗날 진로, 직업으로 이어질 수 있다면 얼마나 좋겠습니까! 원래 학교는 아이들에게 그런 장(場)을 제공해야 합니다.

1부에서 살펴본 것처럼, 아이들은 '공부-직장-공부-직장'과 같은 이직 사이클이 일반화되는 시대를 살아가야 하기 때문에 평소 자신의 관심과 재능을 발견하고 자기 주도적인 배움을 통해 새로운 역량을 기를 수 있어야 합니다. 무언가를 배우고 이를 자기만의 스타일로 승화시키고 새로운 역량을 창출하는 과정을 자기가 주도할 수 있어야 합니다. 이런 과정이야말로 진짜 공부이고 생각하는 힘을 기르는 방법입니다. 그런데 우리나라에서는 '공부'의 의미가 시험 성적과 등수로만 해석되는 것 같아 안타깝습니다. 어른들이 아이를 만나면 항상 물어보는 말이 있습니다. "OO야, 공부는 잘 하니?" "이번 시험에서 몇 등 했어?" 일상적으로 주고받는 대화지만, 이 대화에서 공부의 의미는 학교의 시험 성적이나 석차를 의미한다고 볼 수 있습니다. 공부가 시험 성적이나 석차와 같은 의미로 사용되면 아이에게 공부는 기쁨이나 즐거움이 되기 어렵습니다. 더구나 학교에서 배우는 과목들은 어른이 정해놓은 틀 안에 있기 때문에 아이가 배우고 싶은 것들을 배울 기회도 부족하죠.

그럼 어떻게 하면 아이들에게 진짜 공부의 재미를 느끼게 해줄 수 있을까요? 스스로 배움을 설계하고 성취하기 위해 노력하는 아이들로 성장하게 할 수 있을까요? 멀티미디어나 기술을 활용하는 교육에서 아이들은 학습 초기에 신기하고 재미난 활동으로 학습효과가 일시적으로 높아집니다. 이런 현상을 '참신 효과(novelty effect)'라고 하죠.[73] 아이는 새로운 기술이나 콘텐츠가 도입되면 재미있고 신기해서 흥미를 느끼고 학습하게 되고 이것이 학습효과도 높이는 결과를 가져오게 된다는 것이지요. 메타버스를 활용할 때도 참신 효과가 발생할 수 있습니다. 메타버스 공간에서 교육하면 아이들이 재미있어하고 학습효과도 높다고 생각할 수 있지만 이런 효과는 오래가지 않을 수도 있습니다. 메타버스 공간에서 학습할 때도 아이들이 재미를 느끼고 스스로 배움을 이어갈 수 있도록 해주어야 합니다.

　스스로 배움을 이어갈 수 있게 해주는 가장 좋은 방법은 '물고기를 잡아주는 것이 아니라 물고기 잡는 법을 가르쳐 주는 것'입니다. 이 방법은 탈무드에 나오기도 하고 중국 당나라의 고사성어인 '교자채신(敎子採薪)'에도 나옵니다. 교자채신에서 채(採)는 '캔다'는 뜻이고, 신(薪)은 '땔감'을 의미한다고 하네요. 말 그대로 '자식에게 땔감을 해 오는 법을 가르친다.'라는 뜻입니다. 교자채신은 과거 당나라 임신사(林愼思)의 『속맹자』「송신」 편에 나오는 말입니다. 현대에 맞게 재해석하면, '당장 물고기를 주기보다는 물고기 잡는 방법부터 가르쳐라.' 또는 '자녀를 가르칠 때는 장기적인 안목을 가지고 해라.' 정도 될 겁니다. 여기에는 얽힌 고사(古事)가 있습니다. 춘추시대 노나라의 어떤 아버지가 아들에게 하루는 땔감을 해 오라고 하면서 한마디 물어보았다고 합니다.

　"너는 여기서 백 보 떨어진 곳에 가서 해오겠느냐? 아니면 힘이 들더라도 백 리 떨어진 곳에 가서 해 오겠느냐?"

　말도 끝나기 전에 아들은 백 보 떨어진 곳으로 가겠다고 대답

했겠죠. 그러자 아버지는 이렇게 말했다고 합니다. "네가 가까운 곳으로 가겠다는 건 이해가 되지만, 그곳은 언제든지 해올 수 있다. 하지만 백 리 떨어진 곳은 누가 가져가도 되니, 그곳의 땔감부터 가져와야 우리 집 근처의 땔감이 남아 있지 않겠니?" 이 말을 들은 아들은 아버지의 깊은 뜻을 이해하고 그때부터 먼 곳으로 땔감을 하러 다녔다고 합니다.

메타버스 시대에도 마찬가지입니다. 단기간의 효과나 가시적인 결과를 바라는 것보다 장기적이고 비가시적인 열매를 늘 생각하며 자녀에게 교육의 원리를 제시해야 합니다. 생각하는 힘을 기르기 위해서는 지금 당장 점수를 올리는 방법보다는 진짜 공부하는 방법을 알려주는 게 좋습니다. 제가 아들에게 물고기 잡는 법을 가르쳤던 일화를 소개해 드립니다. 공부하는 방법을 몰랐던 아들에게 저는 학습법 중에서 '학습과학'에 근거한 공부법을 알려주었습니다. 사람의 뇌에서 학습이 일어나는 과정을 밝히고 이를 근거로 학습하는 방법을 연구하는 분야를 '학습과학'이라고 합니다. 학습과학의 이론 중에 '정보처리이론(information processing theory)'이라는 이론이 있는데, 이 이론은 1950년대 미국의 심리학자 조지 밀러(George Miller)에 의해 제안되었습니다. 인간의 학습이 마치 컴퓨터처럼 입력과 처리, 출력을 거친다는 거죠. 1968년, 앳킨슨과 쉬프린(Atkinson and Shiffrin)이 밀러의 정보처리이론을 발전시켜 '감각기억—단기기억(작업기억)

—장기기억'이라는 '다중기억모형(multi-store model of memory)'을 제안하게 되었고, 오늘날 이 과정이 학습을 설명하는 틀로 많이 사용되고 있습니다.[74] 저는 이 이론에 근거하여 아들에게 공부법을 전수했습니다.

첫 번째 단계인 입력 단계에서는 다양한 감각기억을 사용하도록 권했습니다. 그래서 아들에게 처음 교과서를 읽을 때는 눈으로 읽고, 다시 읽을 때는 밑줄을 치거나 소리 내어 읽거나 별 표시를 하는 등 중요한 부분을 잘 표시해 두라고 알려주었습니다. 두번째 단계인 처리 단계는 '단기기억(short-term memory)'으로 넘기는 과정으로 다른 말로는 '작업기억(working memory)'이라고도 합니다. 보통 시각, 청각 등 감각기관으로 들어오는 정보는 무한대로 입력이 가능하지만, 단기기억으로 넘어가기 위해서는 쓸모 있는 정보라는 인식이 필요합니다. 단기기억은 일시적으로 저장되었다가 사라지는 기억인데, 한순간에 담아 둘 수 있는 정보의 양이 보통 5개~9개 사이라고 합니다.● 이때 기억하고자 하는 내용에 주의를 기울이고 의미를 부여하는 것이 중요합니다. 단기기억에서의 정보는 반복하지 않으면 약 15~30초 후에 바로 사라져버리기 때문에 반복적인 연습을 통해 '장기기억(long-term memory)'으로 넘어가게 할 수 있습니다. 보통 단어를 외울 때 반복해서 입으로 되뇌고 손으로 써보는 연습이 여기에 해당됩니다.

● 최근 연구에서는 2개~6개 사이라고 추정하기도 합니다.

따라서 아들에게 중요한 단어나 개념은 입으로 되뇌면서 손으로 써보라고 알려주었습니다. 단기기억 과정에서 고려해야 하는 점은 작업기억을 활용하는 것입니다. 단기기억과 작업기억은 둘 다 짧은 시간 동안 기억한다는 것과 장기기억 전에 사용된다는 공통점이 있는데, 단기기억은 가공 없이 정보를 그대로 기억, 유지하는 것이고, 작업기억은 정보의 가공이 일어나는 기억이라고 보시면 됩니다.

이때 머릿속에서 무언가 이해하려고 노력하거나 계산하는 과정에서 문제가 복잡하거나 정보량이 많으면 용량의 한계(평균 4~5개)를 넘어서고 '인지 부하(cognitive load)'가 일어납니다. 아들에게는 작업기억을 잘 활용하는 방법으로 공부할 부분을 끊어서 하라고 알려주었습니다. 그리고 인지 부하를 줄이기 위해서 이전에 배운 내용과 연관 지어 보라고 알려주었습니다. 덧붙여서 기억하기 어려운 내용은 첫 글자를 문장으로 외우거나 의미 있는 문장을 의도적으로 만들어서 외우는 등의 방법을 알려주었습니다. 또한 장기기억으로 넘기기 위해서 마인드맵(mind map)이나 구조도, 그림, 표로 정리하기 등의 방법을 알려주었습니다. 마지막 장기기억으로 넘기기 위해서는 이렇게 자신만의 언어로 정리한 내용을 반복해서 읽고 써보라고 권했습니다.

세 번째 단계는 학습한 것이 장기기억으로 제대로 넘어갔는지 확인하는 것입니다. 이때야 비로소 문제를 풀어보면서 자신이 이

해하고 외운 것이 제대로 출력(인출)되는지 확인 가능합니다. 비로소 지식이 머릿속에 저장되고 필요할 때 꺼내 쓸 수 있는 상태가 된 것입니다. 새로운 지식을 배울 때 자신의 머릿속에 저장하고 인출해서 사용하는 방법을 알려주었더니, 이후 아들은 수업시간에 배운 내용을 이런 과정으로 학습하기 시작했고, 자신에게 필요한 지식을 정리하고 인출하는 과정을 몸으로 익혔습니다. 이렇게 고기 잡는 법을 가르쳐 주었더니 아들은 고등학교 1학년 중반까지 학원에 다니지 않고도 스스로 학교 공부에서 만족할만한 성과를 이룰 수 있었습니다.

다중기억모형은 우리가 새로운 것을 배우고 익힐 때 효율적으로 학습하는 과정을 보여줍니다. 어른이 되어서 무언가를 배울 때도 바로 적용할 수 있죠. 예를 들어 운전을 배우거나 외국어를 배울 때도 감각기억—단기기억(작업기억)—장기기억의 과정을 알고 각 단계에서 어떤 방법으로 학습할 것인가를 탐색하면 자신만의 노하우를 터득할 수 있습니다. 이때 사람마다 좋아하는 정보의 형태와 방식이 다르므로 자신에게 맞는 학습법을 찾는 것이 중요합니다. 제 아들의 경우 시각형 정보를 선호하는 반면, 딸은 청각형 정보를 선호하는 편입니다. 이렇게 감각기억도 어떤 정보로 입력하게 할 것인가를 선택하는 과정이 필요합니다. 아이마다 선호하는 방식이 다르므로 입력—처리—출력의 흐름에서 어떤 방식으로 정보를 받아들이고 기억하게 하고 문제 상황에서 인출해서 적용하게 할지를 알려주면 아이들 스스로 지력을 기를 수 있게 될 것입니다.

맥락을 읽는 힘 기르기

클라우스 슈밥이 말한 미래에 필요한 네 가지 지능 중에 상황 맥락을 읽는 힘을 어떻게 키울 수 있는지 설명하겠습니다. 슈밥이 제안한 상황맥락지능은 원래 하버드비즈니스스쿨의 학장인 니틴 노리아(Nitin Nohria)가 창안한 용어라고 합니다. 이와 비슷한 의미로 일찍이 '맥락 지능(contextual intelligence)'을 정의한 교육학자 매튜 커츠(Matthew Kutz)는 자신의 책 『맥락 지능』에서 미래의 불확실성을 대비하기 위해 새로운 시각으로 이를 제안했습니다.[75] 미래사회의 특징 중에 가장 두드러진 것은 불안정성과 불확실성, 복잡성, 모호성 등이므로 그때마다 변화하는 상황을 읽어내는 힘이 필요하다는 거죠.

커츠는 맥락 지능을 '어떤 상황에서 제기되는 다양한 변수를 인식한 뒤 여러 행동 방침의 차이를 정확하게 구별함으로써 최선의 행동을 선택하고 실행하는 것'이라고 정의합니다. 쉽게 설명하면 상황을 이해하고 어떻게 하면 최선의 결과를 도출할 수 있을까 고민해서 행동하는 것이라고 볼 수 있습니다. 커츠는 맥락 지능을 발휘해서 행동하기 위한 세 가지 사고(복잡성 포용, 경험관 재구성, 학습 레버리지)와 3차원 사고(후견지명, 통찰, 선견지명), 맥락 지능 행동 12가지를 제시합니다. 이 중에서 메타버스와 관련된 대표적인 개념을 살펴보겠습니다.

먼저 세 가지 사고 중에서 '경험의 재구성'을 살펴봅시다. 맥락 지능은 우리가 경험을 활용하는 방식에 영향을 미친다고 합니다. 의미 있는 경험이란 자신의 삶과 주변 사람들의 삶에 가치를 추가할 수 있는 경험을 가리킵니다. 맥락 지능이 있는 사람은 자신이 경험을 어떤 식으로 평가하고 축적하는지 재검토합니다. 불확실성이 지배하는 세계에서는 사전 경험이 거의 없는 상황이기 때문에 이전의 경험을 의미 있게 활용하는 것이 필요합니다. 메타버스에서 경험한 것들을 잘 기억해 두었다가 문제 상황에서 그 경험을 떠올려서 문제해결에 활용하는 것입니다. 이런 방식이 경험의 재구성입니다.

또 한 가지는 '학습 레버리지'인데, 암묵적 지식을 지렛대로 사용하는 것입니다. 암묵적 지식은 명시적 지식의 반대어인데, 위

명시적 지식
눈에 보이며
평가의 대상이다

암묵적 지식
눈에 보이지 않으며
평가되는 경우가 드물다

명시적 지식과 암묵적 지식

그림처럼 수면 아래에 잠긴 빙산의 아래 부분에 위치해 있으므로 겉으로 명확히 드러나지 않습니다. 하지만 노하우라고도 하죠? 우리가 경험을 통해서 일정 부분 알고 있기에 어떤 순간에 직관을 발휘해서 나타납니다. 메타버스 환경에서는 이런 암묵적 지식을 훈련하고 학습할 기회가 무한정으로 제공됩니다. 현실세계에서는 문제해결 과정에서 실패하거나 무언가를 빠뜨리게 되면 다시 돌아갈 수 없지만, 메타버스에서는 무한정 가능합니다. 디지털 세계의 특성으로 인해 같은 환경을 구성하고 몇 번이고 다시 연습할 수 있습니다. 이것은 마치 우리가 축구 게임에서 이기기 위해서 계속해서 비슷한 슈팅을 연습할 수 있는 것과 같습니다.

물론 메타버스에서의 간접 경험으로 현실세계의 문제에 바로 적용해서 해결하는 것은 경계해야 합니다. 하지만 지금까지 한 번도 겪어보지 못한 상황을 현실에서 맞닥뜨리게 된다면, 메타버스에서 비슷한 경험이 있었는지 아니면 대리경험이 있었는지 살펴보는 것이 올바른 결정을 하는 데 도움을 줄 수 있습니다.

커츠는 맥락 지능을 높이기 위해 12가지 맥락 지능 행동을 권하고 있습니다. 자세한 내용은 여기서 다 설명할 수 없으므로 책을 참고해 보시기 바랍니다. 메타버스에서 활동할 때도 과거의 경험을 최대한 활용하는 후견지명적 행동을 해본다던지, 주변의 상황을 이해하고 여러 사람과의 관계 속에서 중요한 맥락을 생각해 보는 활동을 통해 맥락 지능을 높일 수 있습니다. 예를 들어 메타버스에서 만난 사람들의 대화와 반응을 관찰하고, 부모님과 오늘은 어떤 친구들을 만났고 어떤 일들이 있었는지 얘기해 보는 것만으로도 경험했던 일 중에서 중요한 맥락이 무엇인지 성찰할 기회를 제공할 수 있습니다.

커츠는 복잡하고, 모호하고, 변화하는 환경에서 타인과 교류할 때 맥락 지능이 더 잘 드러난다고 합니다. 이런 특징은 메타버스가 발전하면서 가지게 될 특성과 유사합니다. 오늘 자녀가 메타버스에서 시간을 보냈다면, 메타버스에서 어떤 활동을 했는지 그때 어떤 생각과 감정을 느꼈는지 얘기해 보는 것도 맥락 지능을 높이는 데 도움이 될 것입니다.

책으로
정서지능 키우기

흔히 리더(reader)가 리더(leader)라는 말이 있습니다. 책을 읽는 자가 미래도 읽는다는 말일 것입니다. 그런데 현실적으로 아이들을 보면, 책보다는 스마트폰을, 독서보다는 게임을 더 좋아하는 거 같아 하루에도 몇 번이나 좌절하곤 합니다. 제 아들과 딸이 초등학생일 때, 마트에 갈 때면 시간을 내서 꼭 들르는 곳이 있었습니다. 마트의 3층에 있던 서점이었습니다. 아이들에게 독서의 즐거움을 주려고 일부러 도서코너에 가서 무턱대고 책을 만지게 했습니다. 책을 읽지 않아도 일단 표지라도 만지게 한 거죠. 그랬더니 언제부턴가 쪼그려 앉아서 책을 읽더군요. 학습 만화책을 주로 보긴 했지만, 그렇게 해서라도 아이들이 책과 친해지길 원했습니다.

아이들과 함께 마트 내 도서코너에서 시간을 보낼 때면 어린 시절 저의 꿈이 새록새록 떠오르곤 했습니다. 당시 어린 마음에 책방 주인이 되면 돈을 내지 않고도 책을 볼 수 있을 거라는 생각에 어른이 되면 서점 주인이 되겠다는 포부를 가진 적도 있었습니다. 한때는 작가 장정일처럼 온종일 따뜻한 아랫목에 이불 깔고 누워서 책을 읽는 직업을 가지면 좋겠다고 생각하기도 했죠. 중고등학생 시절, 책 살 돈이 부족해서 일주일의 며칠이고 책방 귀퉁이에 앉아서 해질 때까지 주야장천 책을 읽으며 죽치고 있었던 기억이 있습니다. 당시 문제집 사기도 버거웠던 때라 부모님에게 공부와 관계없는 소설책이나 무협지를 사달라고 할 수 없었기 때문입니다. 당시 김용 소설에 심취했던 저는 『영웅문』 시리즈 18권을 서점에서 다 읽을 정도였습니다. 버스를 기다리는 30~50분 정도의 시간도 아까워서 거의 매일 정류장 앞에 있는 서점에서 무협지를 독파했던 시절을 잊을 수 없습니다. 서점에서 책을 읽는 동안만큼은 제가 주인공이 되어 장풍을 날리고 검을 피하며, 경공으로 나무 사이를 날아다녔습니다.

뇌과학에서 연구한 결과에 따르면, 책을 읽을 때는 영화를 볼 때와 다르게 고도의 정신 기능을 담당하는 전두엽이 활성화된다고 합니다.[76] 우리 뇌에서 정보를 처리하는 과정은 세 단계를 거친다고 하는데요. 첫째, 수용단계는 환경으로부터 감각 정보가 뇌로 들어오는 과정이며, 둘째, 처리단계는 뇌가 감각 정보를 조직하고 기억하는 과정이고, 셋째, 표현단계는 뇌가 근육에 메시지를 보내어 움직이게 하는 과정이라고 합니다. 독서는 게임이나 영상자료보다 상상하고 연상하는 기능을 많이 하게 되고, 연상하면서 다양한 이미지를 떠올리게 됩니다. 이런 과정에서 상상력이 자극되고 다양한 생각을 하게 된다는 것이죠. 이때 상상력은 책을 읽는 사람의 경험과 지식에 따라 다를 수 있다고 합니다. 즉 상상력과 창의력도 아이들 머릿속에 있는 기본지식과 경험 없이는 어렵다는 얘기입니다.

결국 아이의 상상력을 길러주려면 다양한 경험과 지식이 바탕이 되어야 하고 이를 위해서는 뇌와 감성을 자극할 수 있는 독서가 필요하다는 얘기입니다. 메타버스 환경에서 모든 정보의 소통은 온라인 공간에서 이루어집니다. 온라인 공간에서의 활동은 모두 시각, 청각적인 자극을 통해서 즉각적으로 뇌에 전달됩니다. 반면 독서는 글로 묘사된 내용을 뇌에서 이해하고 이미지화하는 과정을 거치면서 머릿속에서 상상의 나래가 펼쳐지게 됩니다. 메타버스 공간에서 간접 경험한 내용을 독서를 통해 다양한 상상으로 연결한다면 더할 나위 없는 좋은 교육으로 만들 수 있습니다.

교육학에서 제시하는 가장 효과적인 교육방법은 실제 상황에서 교육하는 것입니다. 문제가 발생한 현장에서 문제를 해결하는 방법을 배우고, 문제를 해결하는 경험을 통해 학습하는 것이 가장 효과적이고 기억에도 오래 남습니다. 핀란드는 이런 교육방법을 학생중심의 '현상기반 학습(phenomenon-based learning)'이라고 명명하고 초중고 교육에 적용하고 있습니다.[77] 하지만 실제 현장에서 학습할 수 없다면 간접 경험으로라도 배울 기회를 제공하는 것이 필요합니다. 간접 경험을 제공할 수 있는 좋은 방법의 하나가 바로 '독서'입니다. 책을 통해서 시간과 공간을 넘나드는 간접 경험을 할 수 있는 것입니다.

"우리 아이는 책 읽는 것 자체에 흥미를 느끼지 못하는데 어떻게 하나요?"

학부모 강의에서 책 읽기의 중요성을 얘기하면 매번 안타까워하시며 묻습니다. 부모 입장에서 책을 아이들 눈앞에 대령할 수도 없고, 그렇다고 독서를 강요할 수도 없으니 난감하기 그지없습니다. 요즘 아이들은 디지털 콘텐츠에 익숙해서 책 읽기에 재미를 느끼기가 쉽지 않은 것 같습니다. 초등학교에 입학하고 교과서를 접하게 되면 더욱 그렇게 되는 것 같습니다. 아이들에게 책 읽기의 재미를 느끼게 해주려면 무엇보다 책에 대한 거부감을 없애 주는 것이 우선입니다. 제가 했던 방법은 무조건 아이와 함께 서점에 자주 가는 것이었습니다. 서점에 가서 다양한 책을 들춰보고 자신이 읽고 싶은 책을 골라오도록 했습니다. 아이가 고른 책 1권, 제가 고른 책 1권, 이렇게 2권을 사는 방법으로 아이가 책에 흥미를 느끼도록 했습니다. 그리고 매년 연간 계획을 세울 때, 한 해 동안 읽을 책의 양을 정하고 연말에 달성도를 확인하는 방법을 사용했습니다.

아들은 이런 방법이 잘 통했는지 지금도 책 읽기를 좋아하고 읽고 싶은 책이 생기면 사달라고 링크를 보내기도 합니다. 고등학교 시절에는 동아리에서 권장한 책이나 수행평가와 관련된 책을 이북(ebook)으로 사기도 했습니다. 이북을 이용하면 서점에 가지 않아도 되고, 주문한 책이 배달되기까지 며칠 기다리지 않아도 되고, 컴퓨터나 패드, 스마트폰 등으로 다운받아 바로 읽을 수 있다는 장점이 있습니다. 딸도 이런 방법이 주효했으나 학년이 올라갈수록 공부에 흥미를 잃게 되면서 책 읽기도 자연스레 멀어지게 되었습니다. 그래도 연간 계획에는 항상 책 읽기가 올라 있고, 연말 결산이 다가오면 목표달성을 위해 노력하는 모습을 보이기도 합니다. 모든 학습법이 그렇듯이 아이에게 딱 맞는 방법은 없다고 생각합니다. 아이 스스로 책에 흥미를 느끼고 관심을 가질 수 있도록 다양한 방법을 시도해 보는 것이 필요하다고 생각합니다.

한국인이 가장 좋아하는 『어린왕자』를 쓴 생텍쥐페리는 전쟁에 참여하면서도 책을 손에서 놓지 않았다고 합니다. 평소에 독서를 취미로 하던 그는 비행기를 조종하기 위해 탑승할 때도 책을 지니고 갈 정도로 못 말리는 독서광이었다고 합니다. 모르긴 몰라도 책을 읽는 동안은 생텍쥐페리의 머릿속에도 상상의 나래가 펼쳐졌을 것입니다. 독서는 상상력의 원천이기도 하지만 메타버스의 근간이 될 수 있습니다. 앞서 살펴본 것처럼 메타버스는 제작자가 설정한 세계관과 상상한 공간이 온라인에 만들어지기 때문에 얼마만큼 상상할 수 있는가에 따라 결과물이 달라집니다. 메타버스 공간은 기본적으로 현실세계의 모습을 반영하지만 우리가 상상할 수 있는 모든 것들의 구현이 이론적으로 가능합니다. 즉 상상할 수 있는 만큼 만들 수 있는 것입니다. 앞으로 메타버스의 차별점은 상상력과 표현력에 따라 달라질 것입니다.

한 가지 분명한 사실은 아무리 영상 기술이 화려하고 디지털 기술이 뛰어나다 하여도 독서는 반드시 필요하다는 겁니다. 아이 스스로가 좋아하는 책을 고르고 상상의 나래를 펼칠 수 있도록 책 읽기를 권하고 싶습니다. 아래는 제가 생각하는 자녀에게 독서 습관을 들이는 팁입니다.

1) 정기적으로 서점 방문하기
2) 책을 사지 않더라도 아이들과 서점에 수시로 들르기(책 표지만이라도 보자)
3) 마을에 있는 도서관에 회원 등록하고 책 대여하기
4) 연간 독서 계획을 세우고 실천하기
5) 학년별 권장도서 독파하기
6) 독서 관련 대회에 참가하기(백일장, 독후감 대회)

7) 책에 나온 내용으로 그림 그리기

8) 메타버스 공간에 책에서 나온 내용을 만들어 보기

독서(讀書)는 독서(獨緒)라고도 합니다. 홀로 독(獨)과 실마리 서(緒)를 써서 혼자 있을 때 생각해내는 정서(情緒)이자 사고의 단서(端緒)라는 뜻입니다. 독서를 하다 보면 객관적 자아를 만나게 되고 주관적 자아와 객관적 자아와의 만남 속에서 이전까지 표현할 길이 없었던 감정과 정서를 이해하고 들여다볼 수 있게 됩니다. 독서는 단순히 활자(活字)를 읽는 게 아니라 살아있는 자아, 즉 활자(活自)를 읽는 것입니다. 메타버스 세계는 정서지능이 그 무엇보다 중요합니다. 미래의 정서지능은 바로 독서를 통해 자기 생각을 끄집어내고 그 첫머리에서 사고를 풀어내는 힘입니다.

영성지능으로
비빌 언덕 만들기

　"손흥민 선수가 신들린 듯한 드리블로 상대 수비수들을 농락하고 있습니다." 축구 중계를 듣다 보면 캐스터가 이런 말을 하는 걸 들어본 적이 있을 겁니다. '신들린 듯한'이라는 말은 영어로 '열정적인(enthusiastic)'이라는 단어와 같은 뜻입니다. 여기서 열정적이라는 말은 어원상 '신(thus)'이 몸 '안으로(en-)' 들어왔다는 뜻을 가집니다. 신이 몸 안으로 들어오면 우리는 드리블도 신들린 듯 자유자재로 할 수 있고, 악기 연주나 노래도 열정적으로 할 수 있게 됩니다. 우리가 흔히 쓰는 '영감(靈感)'이라는 말도 '신령(spirit)'이 '안으로(in-)' 들어왔다는 의미의 영어 '인스피레이션(inspiration)'을 씁니다. 영성지능은 이러한 외부의 불가항력적인 힘을 인정하고 그것에 의지하며 표현하는 능력을 의미합니다. 그래서 영성이 있는 사람은 단순히 지식이나 기술만을 가지고 있는 사람보다 인생과 공동체의 더 깊숙한 이치를 깨닫고 조율할 수 있습니다.

그간 많은 경우, 영성지능은 종교의 영역에서 다루어졌습니다. 인성교육 방법 중에 종교를 통한 방법도 권고하지만 여기서 한 단계 더 나아가면 심리적인 안정과 평화를 얻을 수 있는 방법까지 시도해 보라고 권해 드립니다. 고백하자면 저는 기독교인입니다. 자녀들은 모두 유아때 세례를 받고 중학생 때 기독교 신앙을 개인적으로 고백하고 받아들였습니다. 종교는 그저 세계관이나 가치관을 드러내는 신념이나 사상이 아니라 사회를 묶고 연결하는 중요한 유대감을 전달해줍니다. 기독교가 가르치는 코이노니아(koinonia)는 공동체의 연합과 교제의 가치를 보여주는 중요한 전통입니다. 저 역시 친구와 이웃, 가족과 사회를 위해 어떤 가치를 전할 수 있을까 고민하고 있습니다.

제가 기독교라는 종교를 통해 세상을 바라보는 관점은 이렇습니다. 이 세상은 지속적으로 변화하고 있고, 완전하지 않으며 완벽한 공정도 없습니다. 세상이 불완전하다면 완전하고 불변하는 진리가 있어서 힘들고 어려운 순간에도 아이들 마음속에 힘이 되어주는 무언가가 있어야 합니다. 기독교는 절대적인 하나님이 존재하고 하나님의 아들인 예수 그리스도를 믿으면 하나님의 자녀가 되는 축복을 누리게 된다고 말합니다. 하나님의 자녀가 된다는 건 세상을 창조한 '하나님의 가장 소중한 존재'가 된다는 것을 뜻합니다. 저는 기독교를 통해 내가 세상에 존재하는 이유와 어떻게 살아가야 하는지에 대한 명확한 나침반을 가질 수 있었습니다. 세상의 많은 철학자들은 이른바 존재의 이유(raison d'être)를 고민하지만, 저는 신앙 속에서 삶의 목적과 이유를 찾았습니다.

종교는 아이들에게 소위 '비빌 언덕'이 되어줍니다. 사회 통념상 정식으로 인정되는 종교는 대부분 물질적인 만족이나 안정보다는 정신적이고 영적인 평안을 추구합니다. 그렇게 보면 우리는 당장 모든 것을 눈앞에 보이는 것들만 가지고 세상을 판단하기보다 고상한 지혜를 구하거나 대의명분을 바라는 삶은 중요하게 생각하지 않았던 것 같습니다. 이처럼 종교는 인생의 궁극적인 목적을 물으며 바르고 인간다운 삶을 추구하도록 인도합니다. 아이들이 영성지능을 갖추어 보이는 것 너머의 보이지 않는 세상을 볼 수 있다면 막막한 현실과 답답한 문제들을 타개할 수 있는 용기와 힘을 얻을 수 있을 겁니다.

미래사회의 특징은 이상 기후와 인구 감소, 에너지 부족, 세계적인 팬데믹 등으로 인한 불확실성으로 아이들도 불안감을 느끼고 있다는 것입니다. 미래학자인 정지훈 교수는 이런 불확실성 시대에 필요한 태도가 새로운 도전을 즐기는 것이라고 말합니다.[78] 산업사회의 중요 덕목은 '효율성'과 '예측가능성'이었는데,

이는 기업이 불량품 없이 대량생산을 위해 필요한 덕목이었으며, 사회 전반에 걸쳐 이를 기반으로 안정적인 시스템을 만들었다고 합니다. 하지만 이상 기후와 인구 감소가 가져온 미래의 불확실성을 대비하기 위해서는 변화를 포용할 수 있는 마음가짐을 가지고 새로운 도전을 즐기는 것이 중요하다고 말하고 있습니다. 아이들에게 변화를 포용하고 새로운 도전을 하게 하려면 기반이 되는 무언가가 필요합니다. 새로운 도전에 실패하더라도 그것이 인생의 실패가 아니라는 믿음이 있어야 하며, 아이들은 존재만으로도 의미가 있다는 사실을 알려주어야 합니다. 이런 메시지는 학교의 경쟁시스템으로부터 얻기 힘들다고 봅니다. 아이들이 어려서부터 자신의 존재 이유와 세상을 어떻게 살아갈지에 대한 가치관, 세계관을 정립하도록 도와주어야 하는데, 이런 메시지를 지속적으로 들을 수 있고 개인의 신념으로 승화시킬 수 있는 방법이 바로 '종교'를 갖는 것입니다.

메타버스 스포츠로 신체지능 키우기

학창시절 체육시간에 항상 외치던 구호가 있었습니다. 올림픽 정신의 기반이 되는 '건강한 육체에 건강한 정신이 깃든다(mens sana in corpore sano)'는 로마 시인 유베날리스(Juvenalis)의 명언입니다. 이 구호는 근대 올림픽의 아버지라고 불리는 '쿠베르탱'이 세계평화를 추구하기 위해 그리스 시절의 올림픽을 근대 형태로 제안할 때 사용했다고 합니다. 이 라틴어 경구의 이니셜을 따서 만든 스포츠웨어 회사가 바로 '아식스(Asics)'입니다.● 예전에는 아디다스만큼 유명했던 거로 기억하는데, 요즘에는 아식스를 보기

● 정신을 의미하는 mens를 동적인 의미를 가진 '생명'이라는 뜻의 anima로 바꾸어 앞 글자를 땄다고 합니다.

쉽지 않네요.

사실 아이가 자랄 때 부모의 마음은 무엇보다도 건강하게만 자라는 것을 바랍니다. 저도 두 아이를 키우면서 가장 힘들었던 시기가 바로 아이들이 폐렴으로 입원했을 때입니다. 아들이 돌이 막 지날 무렵에 미세기관지염으로 입원하게 되었는데요. 새벽에 열이 펄펄 끓는데 해열제로도 열이 떨어지지 않아서 둘러업고 응급실로 뛰어갔던 기억이 납니다. 당시 일주일 정도 입원했는데, 입원 기간 돌이 갓 지난 아이의 몸에 링거를 달기 위해 매일 주사를 찔러대는 일이 다반사였습니다. 그럴 때마다 아들은 자지러지듯 울어댔고, 우는 아들을 보면서 저의 마음도 찢어지는 것 같았습니다. 아이가 아프면 부모의 마음은 두 배 세 배 아프다는 말을 그때처럼 실감한 적이 없었죠. 가능하다면 제가 대신 주사를 맞고 싶은 심정이었지만 그럴 수도 없는 노릇이었습니다. 이후 자라 보고 놀란 가슴 솥뚜껑 보고 놀란다고 아이들의 기침 소리만 들어도 온몸이 바짝 긴장되곤 하였습니다.

저는 결혼 전 '나중에 결혼해서 아이를 낳으면 꼭 해야지' 하던 일이 있었습니다. 아이와 함께 공을 차고 농구를 하는 것이었죠. 저는 어렸을 때부터 축구나 농구 같은 구기운동을 매우 좋아했기 때문에 아이와 함께 축구도 하고 야구장도 같이 가고 싶었습니다. 아마 아빠라면 다들 누구나 한번쯤 이런 로망이 있지 않았나요? 그리고 꿈에 그리던 첫째가 태어났을 때 저는 아들과 함께 운동장에서 축구할 날만을 손꼽아 기다렸습니다. 시간이 흘러 아들이 초등학교에 입학한 후, 함께 축구도 하고 배드민턴도 쳤지만, 왠지 아들은 운동을 그리 좋아하지 않았습니다. 아들은 동적(動的)이기보다 정적(靜的)인 성격을 갖고 있었죠. 우리나라 남자아이의 경우, 보통 축구를 통해서 교우관계를 다지는 경우가 많은데, 아들은 공을 가지고 노는 데에 관심이 크게 없었습니다. 그때 저의 낭패감이 어땠을지 여러분들은 상상할 수 있겠습니까? 자연스레 아들은 밖에서 공을 차는 것보다 책상에 앉아 책을 읽는 아이로 성장했습니다.

그러던 어느 날, 중학생이던 아들이 집에 오더니 검도를 배우고 싶다고 했습니다. 게임에서 등장하는 검투사 캐릭터가 멋져 보였나 봅니다. 저는 뛸 듯이 기뻤습니다. 제가 워낙 운동을 좋아했던지라 대학 시절 검도부에 가입하고 초단 정도의 수련을 했었기 때문에 즉석에서 아들을 가르치기로 마음먹었습니다. 마음이 바뀔까 봐 당장 집에 있던 죽도를 꺼내 검도의 기본 보법과 중단 자세, 머리치기, 손목치기 등의 자세를 알려주었습니다. 그런데 아들이 집에서 목검을 들고 연습을 하다가 천정에 칼자국을 내게 되었습니다. 다 큰 남자 둘이 휘젓고 다니니, 아내는 집안에서 하지 말라며 불호령을 내렸고 그렇게 검도 수련도 싱겁게 끝나고 말았죠.

그런데 메타버스가 활성화되면 제가 겪은 이러한 시행착오를 줄일 수 있을 것입니다. 한 가지 사례로 아이들이 초등학교, 중학교 시절에 '닌텐도위(Wii)' 게임기를 사서 즐겼던 적이 있습니다. 우연한 기회에 동생 부부가 산 게임기를 넘겨받게 되었는데, 기기가 생기니 자연스럽게 게임 CD도 추가로 구입하게 되었습니다. 닌텐도위에는 여러 프로그램이 있었는데, 그중 우리 가족이 많이 했던 게임은 검도와 탁구였습니다. 아내도 탁구를 어느 정도 칠 줄 알기 때문에 아이들에게 가르쳐주고 함께 경기를 했습니다. 아들은 검도를 배우고 싶어 했기 때문에 검도 게임을 주로 했는데, 저와의 대결을 그렇게 즐거워했습니다. 한바탕 게임을 하고 나면 땀이 날 정도로 흥분되기도 하고 운동도 되었던 기억이 납니다.

　아들의 실패를 교훈 삼아 최근 딸아이와는 새로운 도전을 하고 있습니다. 얼마 전 딸이 킥복싱을 배우고 싶다고 해서 함께 도장을 찾아보기로 했습니다. 방학 때 시간을 내어서 몇 군데 도장을 둘러본 결과 집에서 가까운 킥복싱과 주짓수를 함께 가르쳐주는 도장을 찾게 되었습니다. 관장님이 푸근하고 친절해서 딸과 제 맘에 쏙 들었습니다. 그날 바로 도장에 등록하고 수련이 시작되었습니다. 대학교수가 된 후 운동을 거의 못 한 터라 1시간의 수련이 너무 고되고 힘들었습니다. 마지막 10분 정도 그날 배운 잽과 스트레이트, 어퍼컷, 로우킥 등을 무작위로 섞어서 하는 훈련이 있는데 마치 종합격투기 시합을 뛴 듯한 느낌이 들었습니다.

그렇게 부녀가 한바탕 땀을 흘리고 도장을 나오는데 딸아이가 한 마디 합니다.

"아, 스트레스가 풀린다. 나는 이렇게 힘들게 운동하는 게 좋아!"

'마냥 집에 있기만을 좋아하는 집순이인 줄 알았는데 이런 활달한 구석도 있구나.' 하며 딸의 의외의 모습에 깜짝 놀랐습니다. 운동 덕분에 딸아이와 더 가까워진 거 같아 기뻤습니다. 취미를 딸과 함께할 수 있다는 사실에 매우 행복했습니다. 그날로 인터넷에서 미트를 몇 개 구입했습니다. 도장에서도 운동하지만 집에서도 가끔 스트레스가 쌓일 때 서로 미트를 대주면서 운동하기로 했습니다.

제 아들과 딸은 게임도 좋아합니다. 스트레스가 쌓이면 게임으로 풀기도 합니다. 메타버스가 아이들의 일상이 되면, 아이들은 메타버스에서 스트레스를 해소하는 게임이나 커뮤니티 활동을 하게 될 것입니다. 메타버스에서 아이들이 건강하고 행복하게 살아가려면 온라인, 오프라인 활동의 균형을 잘 유지하는 것이 중요합니다. 메타버스에서 즐기는 취미와 더불어 몸의 건강을 지킬 수 있는 취미를 만들어주면 어떨까요? 그 취미를 부모와 함께할 수 있다면 더할 나위 없이 행복할 것입니다.

메타버스의 특징 중 '연속성'은 메타버스와 운동의 관계에서 잘 나타납니다. 예를 들어 홈트를 할 때 집에서 실내용 자전거를 타는데, TV나 모니터에서는 메타버스 공간이 나타나고 동시 접속해 있는 유저들이 함께 자전거를 타는 모습이 연출됩니다. 이렇게 각자 다른 공간에 있지만 메타버스에서 함께 운동하는 상황이 만들어지는 것입니다. 지금도 앱만 설치하면 함께 운동하는 상황을 만들 수 있는데 앞으로는 다양한 센서가 부착되어 자전거와 스마트기기가 자동으로 연결되고, 메타버스에서 게임을 하듯이 운동하는 환경이 만들어지게 됩니다. 나이키에서 선보인 런클럽(Run Club) 앱도 운동화의 센서와 연결해서 전 세계 러너들과 함께 경쟁하고 게임을 하듯이 러닝을 즐길 수 있도록 도와줍니다. 앞으로 메타버스와 운동이 결합된 서비스가 다양하게 출시되니 자녀와 함께 운동하는 시간을 가져보시기 바랍니다.

명사형이 아닌
동사형 꿈 키우기

제가 학부모 대상으로 진로 강연도 종종 하는데요. 강연이 끝나고 나면 부모님들이 꼭 물어보는 질문이 있습니다. 한번은 서울에 있는 초등학교에서 자녀의 진로 강연을 마치고 나오는데 한 어머니께서 질문하셨습니다.

"우리 애가 요즘 의사에 관심이 많은데, 수학이나 과학 공부가 중요할까요?"

"장차 인공지능이 사람보다 수술을 더 잘하게 된다는데 의사로 아이의 진로를 정하는 게 과연 맞는 걸까요?"

저는 이런 질문을 받으면 항상 다음과 같이 말하는 편입니다.

"어머님, 어떤 직업을 가지든지 수학이나 과학 같은 기초 학문은 절대적으로 필요합니다. 그리고 의사가 되더라도 인공지능과 협업하는 능력을 길러주시면 미래에도 대체될 수 없는 좋은 의사가 될 가능성이 커집니다. 한 가지 더 말씀을 드리면 직업을 정하지 마시고 분야를 먼저 선택하시기를 권해 드립니다. 강의에서 말씀드렸던 것처럼, 특정 직업이 아니라 분야로의 진로, 어떤 직업이 아니라 어떤 일을 하고 싶은지를 찾는 것이 미래에는 더욱 중요하게 될 것입니다."

물론 만족스러운 답변은 아닐 거로 생각합니다. 하지만 이 답변만큼 정확한 답변도 또한 없는 거 같습니다. 우리나라 부모들은 자녀가 사회에서 좋은 대우를 받는 직업을 선택하기를 바랍니다. 그래야 행복할 수 있다고 생각하죠. 이런 사이클은 보통 산업사회의 직업관에 기반을 둡니다. 이를테면 부모님들이 어렸을 때부터 듣고 자란 '열심히 공부해서 좋은 대학 가서 좋은 직장 얻어라.'의 공식에 기초한 사고방식이죠. 그런데 얼마 전부터 이런 공식이 와장창 깨지기 시작했습니다. 소위 말하는 MZ세대에게는 좋은 대학이나 좋은 직장이 더 이상 이상적인 미래나 행복으로 여겨지지 않습니다. MZ세대를 보여주는 기사들을 보면, 잘 다니던 대기업을 그만두고 자기가 좋아하는 일에 뛰어든다거나 열심히 벌고 아껴서 조기 퇴사한다는 '파이어(FIRE)족●'들과 관련된

● FIRE는 Financial Independence Retire Early의 준말로 재정적 독립을 통해 조기에 은퇴를 꿈꾸는 이들을 부르는 명칭입니다.

내용이 눈에 띕니다. 기성세대가 보기에는 너무 무모해 보이는 그러한 결단이 이들에게는 별 대수롭지 않은 선택처럼 느껴집니다.

바로 여기서 기성세대는 MZ세대에 대해 세대 차이를 확연히 느낍니다. 예전 같으면 대기업에 근무하거나 돈을 많이 버는 직업을 가진 사람이 행복할 것으로 생각하고 평생 그 직업에 종사하고 은퇴하는 수순을 밟아야 한다는 생각이 일반적이었습니다. 하지만 우리 아이들의 세대는 이런 공식이 더 이상 통하지 않습니다. MZ세대는 소위 말하는 '워라벨(일과 삶의 균형)'을 중요시하기 때문에 돈을 많이 주는 직업보다는 삶의 여가를 즐길 수 있는 직업을 선호한다고 합니다. 그리고 평생직장의 개념이 사라지면서 다른 회사로의 이직이 너무 자연스러운 현상(도리어 칭찬할만한 현상)으로 자리 잡은 상황입니다. 2021년 취업 플랫폼인 잡코리아에서 2030 세대를 대상으로 설문한 결과 75.5%가 이직을 경험해보았다고 대답했습니다.[79] 앞서 소개했던 린다 그래튼의 주장처럼 '공부-일-은퇴' 사이클이 '공부-일-공부-일…'의 사이클로 변화하고 있는 실질적인 증거라고 할 수 있습니다. 우리 아이들은 100세 시대를 넘어서는 시대에 살게 될 텐데 그때는 이런 사이클이 더욱 가속화될 것입니다.

상황이 이렇다 보니 어떤 직업을 가질 것인가가 아니라 어떤 분야에서 어떤 일을 하고 싶은가가 자녀들의 진로에 중요한 방향이 됩니다. 우리나라에서 새로운 교육 모델을 만들어 가는 서울 이노베이션아카데미의 학장인 이민석 교수는 아이들의 진로에 대해서 이렇게 조언합니다. "많은 사람들이 꿈을 이야기합니다. 대개 나는 뭐가 되겠다는 꿈입니다. 그런 '명사형' 꿈은 우리를 힘들게 합니다. 그 뭔가가 되기 전까지는 성공하지 못한 것이기 때문입니다. 인생을 가장 보람차게 사는 방법의 가장 첫 번째는 꿈을 '동사형'으로 가지는 것입니다. '기자'가 꿈이 아니라 소식을 잘 '전하는' 것이 꿈이어야 하고, '사진작가'가 꿈이 아니라 사진을 '찍는' 것이 꿈이어야 하고, '선생님'이 아닌 '가르치는' 것이 꿈이어야 하는 것입니다. 동사형의 꿈은 지금부터 성공하는 방법입니다. 기자가 아니어도, 사진작가가 아니어도, 선생님이 아니어도 소식을 전하고, 사진을 찍고, 내가 아는 것을 남들에게 가르칠 수 있기 때문입니다. 꿈을 이루고 그 과정을 즐기면서, 또 누군가에게 내가 가진 뭔가를 공유하면서 배우는 삶을 바로 살 수 있는 거죠."[80]

진로를 선택할 때 제가 드리고 싶은 조언은 데니스 홍(Dennis Hong) 교수의 주장과 같습니다. 데니스 홍 교수는 미국의 로봇공학자인데, 세계적인 로봇연구소인 로멜라(RoMeLa) 연구소의 소장으로 미국 최초 휴머노이드 '찰리(CHARLI)'를 개발하신 분입니다.● 현재는 UCLA에서 교수로 재직 중입니다. 저는 2013년 봄에 아들과 함께 참여했던 강연을 통해 데니스 홍 박사를 알게 되었는데요. 강연장에서 『로봇 다빈치, 꿈을 설계하다』라는 책도 사서 읽게 되었고, 이후 몇 번의 강연을 통해 그분에게 매료되었습니다. 아이들에게 꿈을 심어주는 저자의 메시지가 너무 좋아서 제가 가르치는 현장에서도 인용하겠다고 부탁을 드렸더니 흔쾌히 허락해 주셨습니다.

데니스 홍 교수는 자녀의 진로를 위해 세 가지를 점검해 보라고 권합니다. 첫째, '아이가 좋아하는 일인가?' 아이가 좋아하는 일을 찾으려면 어떻게 해야 할까요? 제가 찾은 방법은 직접 경험해 보게 하는 것입니다. 아이는 자신이 무엇을 좋아하는지 정확히 알기 힘듭니다. 한 번 떠올려 보세요. 무언가 처음 하는 일에는 재미를 느끼지 못하는 경우가 많습니다. 운동을 배울 때를 생각해 보면 이해하기 쉽습니다. 배드민턴을 예로 들면, 라켓으로 셔틀콕을 맞추어야 하는데 처음에는 잘되지 않습니다. 먼저 그냥 공 받기를 하듯이 위로 쳐올리는 동작을 통해 셔틀콕 맞추기가 잘되어야 합니다. 그 후 서브 넣는 법, 스매시 하는 법, 드롭샷하는 법 등을 익히게 됩니다. 이렇게 경험을 해보고 어느 정도 익숙해져야 재미를 느낄 수 있게 됩니다. 결국 자녀에게 다양한 분야

● CHARLI는 Cognitive Humanoid Autonomous Robot with Learning Intelligence의 약어입니다.

를 경험할 기회를 제공하는 것이 중요하다는 것입니다. 이는 메타버스에서 간접적으로 체험할 수 있는 일이기도 합니다. 다양한 직업을 체험하며 가장 흥미로운 일에서부터 현실세계로 범위를 옮겨보는 거죠.

둘째, '잘하는 일인가?' 사실 좋아하는 것과 잘하는 것은 다릅니다. 좋아하지만 잘하지 못할 수도 있고, 좋아하지 않지만 잘하는 분야도 있습니다. 가장 좋은 것은 좋아하는 일을 잘하게 되는 경우입니다. 혹시 아이가 방에 틀어박혀서 밥도 안 먹고 무언가 하는 일이 있다면 그건 정말 좋아하는 일입니다. 엄청난 몰입이 일어나는 순간이죠. 한번은 이렇게 강연했더니 어떤 부모님이 이렇게 말씀하십니다.

"우리 아이가 딱 그래요. 게임할 때요."

"게임은 원래 재미있어서 밤을 새워서 하는 겁니다. 게임 말고 다른 일을 할 때, 몰입하는 일이 있는지 한번 찾아보세요."

게임 분야로 진로를 결정한 아이들은 예외로 하고, 게임 말고 무언가 몰입하는 일이 있다면 그 일이 아이의 미래가 될 수 있습니다. 여기서 중요한 부분이 있습니다. 좋아하는 일을 잘하게 되려면 어떻게 해야 할까요? 제가 찾은 답은 '꾸준히 성실하게 하면 잘하게 된다.'입니다. 말콤 글래드웰(Malcolm Gladwell)의 책 『아웃라이어』에 나타난 '1만 시간의 법칙'을 예로 들면, 어떤 분야에 전문가가 되기 위해서는 1만 시간이 필요하다는 논리인데, 1만

시간은 하루에 3시간씩 10년 정도의 시간을 투자한 꼴입니다.[81] 제가 보기엔 꼭 1만 시간이 아니더라도 꾸준히 성실하게 연습한다면 대부분 잘하게 되리라고 생각합니다. 여기서 잘하는 것은 1등이라는 의미가 아닙니다. 1등이 아니더라도 잘하는 수준에 이를 수 있고, 삶을 영위하면서 가족들을 부양하면서 살 수 있는 정도가 될 수 있습니다. 제가 딱 그런 케이스입니다. 저는 컴퓨터 교육 전공자인데, 꾸준히 노력해서 지금 교수가 되었고, 비록 분야에 최고의 학자는 아니지만 원하는 일을 하면서 나름 행복하게 지내고 있습니다.

셋째, '가치 있는 일인가?' 제가 데니스 홍 교수의 제안에서 가장 좋아하는 부분입니다. 가치 있는 일인지 확인하는 방법은 '나 혼자만 좋은 것인가? 다른 사람도 좋은 것인가?'를 생각해 보면 됩니다. 예를 들어 내가 좋아서 그림을 그렸는데, 친구들도 좋아해 준다면 그 일은 좋은 일이고 가치 있는 일입니다. 내가 좋아서 연주했는데, 친구들이나 가족이 좋아해 준다면 가치 있는 일입니다. 이렇게 자신의 진로가 '나한테만 좋은 것인가, 다른 누군가에게도 좋은 것인가?'를 생각해 보는 것은 매우 중요합니다. 앞서 살펴본 미래 교육의 목표인 '개인과 사회의 웰빙'과도 일맥상통하는 주장입니다. 내가 좋아하고 잘하는 일인데, 함께 살아가는 세상에서 가치 있다면 그것만큼 좋은 일이 또 어디에 있을까요?

아이가 좋아하는 일을 찾게 되면 행복하고 자존감이 높아짐니다. 좋아하는 일을 꾸준히 하다 보면 잘하게 되고, 잘하게 되면 자존감이 높아집니다. 그리고 다른 사람들에게 도움이 된다고 생각하면 스스로 가치 있는 사람이라는 마음을 가지게 되고 자연스럽게 자기효능감(self-efficacy)을 느끼게 됩니다. 여기서 자기효능감이란 자신이 남의 도움 없이도 어떤 일을 스스로 잘 해낼 수 있다는 개인적인 믿음을 말합니다. '나는 쓸모 있는 사람이야.'라는 확신입니다. 자기효능감을 처음 말한 앨버트 반두라(Albert Bandura)에 따르면, 자기효능감을 가진 아이는 긍정적인 자아상을 통해 학업에 높은 성취동기를 보입니다. 자기효능감이 높은 사람일수록 자신이 어려운 과제를 잘 수행할 수 있다고 믿으며 문제를 회피하지 않고 해결하는 데에 초점을 맞춘다고 합니다.

제 딸은 조용하고 잘 나서지 않는 성격입니다. 학교에서도 워낙 조용하게 지내다 보니 학부모 공개수업에서 손을 들고 발표하는 모습은 좀처럼 보기 힘들었습니다. 수업시간에도 말이 없고 자신이 없는 모습이었습니다. 그런 딸이 자존감을 회복하게 된 계기가 있었습니다. 초등학교 때 딸은 빵을 만드는 사람이 되고 싶다고 했고, 제빵사나 파티시에 같은 직업을 꿈꾸게 되었습니다. 아이가 그쪽 분야로 진로를 정했다고 한 후, 방학 때 제빵을 배울 수 있도록 공방에 등록해 주었습니다. 6학년 여름 방학 때 공방에서 빵 굽는 방법을 배우고 나서 아이의 표정이 조금씩 달라지기 시작했습니다. 어느 날은 친구들에게 자기가 구운 쿠키를 나눠주겠다고 엄마와 함께 온종일 쿠키를 굽기 시작했습니다. 쿠키를 굽는 일이 쉽지 않아 보였지만 딸은 몇 시간에 걸쳐 쿠키를 굽고 비닐로 낱개 포장까지 해서 학교에 가져갔습니다. 저는 그날 학교에서 돌아와 친구들이 자기가 만든 쿠키를 맛있게 먹는 모습을 보고 행복했노라고 자랑스럽게 말하던 딸의 표정을 평생 잊을 수 없을 겁니다.

아이가 좋아하는 일을 찾아주고, 잘할 때까지 기다려 준다면, 아이는 스스로 자신의 가치를 발견하고 행복해할 것입니다. 메타버스 시대에는 기성세대가 겪어보지 못한 다양한 직업들이 생겨날 것입니다. 디지털 지구에서 창출되는 여러 분야는 지금까지 우리가 만나보지도 상상하지도 못한 분야일 수도 있습니다. 이럴 때일수록 아이가 다양한 분야에 도전할 수 있는 기회를 제공하는 것이 필요합니다. 아이가 좋아하는 일을 찾을 수 있도록 다양한 경험을 제공해주고, 잘할 수 있도록 격려해 주는 부모의 역할이 그 어느 때보다 중요합니다.

메타버스에서
마음을 나눌 친구 사귀기

친구와 술은 오래 묵을수록 좋다는 영국 속담이 있습니다. 친구(親舊)라는 한자에도 오랫동안 함께 친하게 지낸다는 의미가 들어 있으니 이 속담이 틀린 건 아닌가 봅니다. 저는 어렸을 때부터 부모님을 따라 이사를 많이 다녀서 낯선 환경에서 새로운 친구들을 만나는 일이 잦았습니다. 다양한 친구들을 사귈 수 있다는 장점도 있지만, 남들보다 소위 말하는 어렸을 때부터 쭉 사귄 죽마고우가 없는 편입니다. 그래서 저는 아이들이 죽마고우 같은 친구들을 사귈 수 있도록 성인이 될 때까지 지금 사는 곳에서 이사하지 않을 예정입니다. 마음이 통하는 친구가 있다는 것이 얼마나 중요한지 잘 알고 있기 때문입니다. 진정한 친구가 한 명만 있어도 성공한 인생이라고 할 정도로 마음이 통하는 친구를 사귀는 일은 인생에서 정말 중요합니다. 진정한 친구란 돈이 많고 명예가 있을 때 함께한 사람이 아니라 힘들고 어려울 때 함께한 사람이라고 합니다.

요즘 아이들이 친구를 사귀는 방법은 예전 저희 때와 다른 것 같습니다. 제가 자랄 때를 생각해 보면, 모든 놀이는 동네 골목에서 이루어지는 아날로그 게임밖에 없었죠. 기껏해야 오락실에서 아케이드 게임을 하는 정도였습니다. 모여서 말뚝박기나 자치기, 술래잡기하며 놀았는데, 넷플릭스 드라마 「오징어게임」을 보니 당시 옛날의 향수를 막 자극하더군요. 그런데 요즘 아이들은 그렇게 놀지 않습니다. 아무리 친한 친구라도 깊은 부분까지는 공유하지 않는 것 같습니다. 그렇다고 친구가 아닌 것도 아닙니다. 우리 시대의 진정한 친구상(像)이라고 하면 서로 의형제를 맺은 삼국지의 도원결의(桃園結義)가 생각나는데, 요즘 MZ세대에게는 고리타분한 얘기로 들릴 겁니다. 어느 정도 삶을 공유하지만, 각자가 밝히지 않은 영역은 굳이 알려고 하지도 않고 궁금해하지도 않는다고 합니다. '안물안궁'이 친구 사이에서도 통용되는 국룰인 거죠.

저는 아이들이 좋은 친구를 사귀기 바라면서 아침 출근길에 시간이 맞으면 아들과 친한 친구들을 태워주곤 했습니다. 꼰대처럼 들릴지 모르겠지만, 운전을 하면서 아이들의 대화를 가만히 들어보면 제가 어렸을 때만큼 끈끈한 우정은 아닌 것 같다는 생각을 여러 번 했습니다. 시간이 흘러 대학생이 된 그때 아이들이 지금도 만나는데, 아들의 이야기를 들어보면 또 나름대로 친구 관계가 잘 형성되어 있는 것 같습니다. MZ세대는 깊은 관계로 얽히는 것은 부담스러워 하지만, 그렇다고 완전히 소외되는 것도 꺼리는 '인스턴트식' 관계를 선호하는 특징 때문에 그런 게 아닌가 생각해 봅니다.

얼마 전 유명한 TV 프로그램인 「유퀴즈」에서 '키크니'라는 일러스트레이터가 출연한 방송을 본 적이 있습니다. 한창 돈을 벌기 위해 열심히 그림을 그리던 키크니 작가는 어느 순간에 번아웃되어 퇴사하고 무기력하게 지내게 되었다고 합니다. 그때 키크니 작가가 어렸을 때부터 함께한 친구들 단톡방에 자신을 강아지 산책시키듯이 돌아가면서 산책을 시켜달라는 부탁을 했다고 합니다. 고맙게도 친구들이 돌아가면서 산책을 시켜주었고 함께 걸으면서 풍경도 보고 이야기도 나누고 그렇게 마음을 치유하고 다시 원하는 일을 하게 되었다는 일화를 들려주었습니다. 그때 저는 번뜩 이런 생각이 들었습니다.

'아, 우리 아이들도 저런 친구들이 있으면 정말 좋겠다!'

일생을 살아가다 보면 좋을 때도 있지만 나쁠 때도 반드시 있기 마련입니다. 그때 함께 마음을 나누고 서로에게 힘이 되어줄 수 있는 친구가 있으면 얼마나 좋을까요. 좋은 친구를 사귀는 방법은 시간과 공간을 같이 공유하는 것입니다. 즐거울 때도 슬플 때도 그 시간을 함께하는 것이죠. 그리고 가장 좋은 방법은 좋은 친구를 찾기보다는 내가 좋은 친구가 되어주면 되는 것이라고 생각합니다. 메타버스에서 활동하다 보면 전혀 알지 못하지만 인터넷으로만 연결된 사람들을 만나게 됩니다. 예를 들어 1장에서 살펴본 '라이프 로깅' 활동, 즉 SNS에 자신의 일상사를 공유하다 보면 많은 사람들이 '좋아요'를 눌러주고 공감해 주는 댓글을 달아 줄 때가 있습니다. 그들이 모두 좋은 친구가 될 수 있는 건 아니지만, 개중에 관심 분야와 지식뿐 아니라 마음과 삶을 함께 나눌 수 있는 이들이 반드시 있을 겁니다.

그렇다면 메타버스에서는 어떻게 하면 좋은 친구를 사귈 수 있을까요? 먼저 좋은 친구인지 확인하는 것이 필요합니다. 메타버스에서는 실제 얼굴을 보고 현실에서 만나는 것이 아니므로 좋은 친구를 사귀기 위해서는 주의해야 할 점이 있습니다. 인터넷은 워낙 광활한 공간이다 보니 때론 뜻하지 않게 나쁜 의도를 갖고 접근하는 사람들도 있기 마련입니다. 따라서 그런 사람들을 걸러내고 차단할 수 있는 안목도 필요합니다. SNS에서 다음과 같은 친구가 연락해오면 세심하게 살펴볼 필요가 있습니다.

1) 프로필에 자기 얼굴 사진이 없는 사람
2) 야한 몸 사진이나 특정 부위를 올린 사람

3) 계정에 프로필만 있고 글이 없는 사람

4) 글에 성적인 얘기나 욕설이 있는 사람

보통 디엠(DM)이라고 하는 1:1 메시지가 오면, 절대 바로 응대하지 말고 그 사람의 프로필이나 정보를 꼼꼼히 살펴보고 답신을 해야 한다는 원칙을 말해줍니다. 그리고 인터넷 공간에서 만난 사람에게 자신의 구체적인 신상정보나 전화번호, 주소, 계좌번호 등을 알려주어선 안 된다고 신신당부를 해주죠. 더불어 내 일상과 현 상황을 불특정 다수에게 너무 오픈해서 개중에 나쁜 마음을 먹고 접근하는 사람들이 생겨나지 않도록 공개범위를 항상 주의 깊게 설정하고 콘텐츠를 포스팅할 때에는 언제나 너무 많은 개인정보가 드러나지 않도록 명심하라고 조언합니다.

또 한 가지 방법은 무언가 생산적인 일을 같이하는 그룹에 참여하는 것입니다. 온라인에서 만난 친구들이지만 함께 게임을 하거나 운동을 하거나 봉사를 하는 등의 생산적인 일을 하는 친구들을 만나는 게 좋습니다. 종교나 정치, 사상 등 쓸데없이 특정 집단을 비판하거나 험담하는 이들의 계정에는 '좋아요'나 댓글을 남기지 않도록 주의해야 합니다. 최근 MZ세대의 한 축인 M세대(밀레니얼 세대)들은 너무 깊은 관계가 아니면서 취미를 공유하는 그룹에 참여하는 현상이 생겨난다고 합니다. 온라인에서 만나서 취미를 이야기하다가 함께 모여서 책을 읽기도 하고, 운동하기도

하는 느슨한 관계(loose-knit)의 그룹으로 발전하는 현상입니다. 몇 년 전부터 우리나라에서는 MZ세대를 중심으로 취미를 공유하는 '살롱(salon) 문화'가 트렌드로 자리 잡고 있다고 합니다.● '살롱'이란 16세기 이탈리아 르네상스의 영향으로 프랑스 귀족 부인들의 사교모임에서 비롯된 문화를 말합니다. 함께 모여 책을 읽거나 토론을 즐기고, 새로 유입된 신문화를 먼저 접하며 앞선 문화를 맛보는 등 유럽의 고급문화가 탄생하고 교류하는 공간을 제공하는 데 앞장섰다고 합니다.[82]

현실세계에서도, 메타버스에서도 좋은 친구를 사귀기는 쉽지 않습니다. 좋은 친구를 잘 만나는 것도 중요하지만 스스로도 좋은 친구가 되도록 노력하는 것도 중요합니다. 좋은 친구 만들기의 최고의 방법은 황금률을 실천하는 것입니다. "그러므로 무엇이든지 남에게 대접을 받고자 하는 대로 너희도 남을 대접하라."(마태복음 7:12) 『논어』에도 "자신이 원하지 않으면 다른 사람에게도 하지 말아야 한다(己所不欲勿施於人)."라는 말이 있습니다. 결국 친구 사귀기의 핵심 원리는 현실세계나 가상세계나, 동서고금을 막론하고 다 같은가 봅니다.

● 현재는 코로나19가 확산되면서 오프라인 공간에 모이는 문제 때문에 살롱 문화가 많이 사라지는 추세입니다.

실패했어도
다시 시작하는 힘 키우기

지금 우리 눈앞에 고무공과 유리공이 있다고 생각해 봅시다. 겉으로 봐서는 무엇이 고무로 만들고 무엇이 유리로 만든 것인지 분간할 수 없을 정도로 두 개의 공은 형태와 색깔, 크기가 완전히 똑같습니다. 두 개의 공을 두 손으로 들어 올렸다가 마치 16세기 갈릴레이가 했다고 알려진 이탈리아 피사의 사탑 실험처럼 땅바닥으로 자유낙하를 시켰다고 가정합시다.[●] 결과가 어떨지 누구나 쉽게 예상할 수 있을 겁니다. 고무공은 땅바닥에 부딪히기 무섭게 도로 하늘로 튀어 올랐을 것이지만, 유리공은 형체를 알 수 없

● 역사가들은 갈릴레이가 피사의 사탑에서 낙하실험을 했다는 것이 사실이 아니라 와전되었을 가능성이 크다고 말합니다. 피사의 사탑은 아니지만, 실제로 탑에서 낙하실험을 처음 행한 사람은 네덜란드의 수학자이자 물리학자였던 시몬 스테빈(Simon Stevin)입니다.

을 정도로 와장창 박살이 나버렸을 겁니다. 이때 물리학자는 고무공이 탄성(彈性)을 가지고 있다고 말합니다.

바로 이 탄성을 교육학계에서는 다른 말로 회복탄력성(resilience)이라고 말합니다. '튀어 오르는'이라는 뜻의 영어 '리질리언트(resilient)'에서 유래한 단어죠. 회복탄력성은 한 개인이 인생에서 실패를 겪을 때 부서지거나 깨지지 않고 본래의 자신으로 되돌아갈 수 있는 복원력을 뜻합니다. 회복탄력성이 있는 학생은 한 번의 실수에서 좌절하지 않고 언제 그랬냐는 듯 오뚝이처럼 다시 일어납니다. 그들은 인생의 위기 순간에 마치 통통 튀는 고무공처럼 충격을 온몸으로 받아도 금세 원래대로 돌아갑니다. 반면 작은 실패에도 세상이 무너진 것처럼 좌절하고 슬퍼하다가 결국 목숨을 끊는 이들은 회복탄력성을 갖고 있지 못한 산산조각이 난 유리공과 같습니다. 메타버스 시대에 필요한 인재는 다름 아닌 회복탄력성을 갖춘 사람입니다.

회복탄력성을 갖춘 아이들은 나중에 커서 성인이 돼서도 성과나 실패에 일희일비하지 않고 삶의 균형을 잡을 수 있습니다. 이들은 현실세계에서도, 메타버스의 세계에서도 실험정신과 도전정신을 갖추고 새로운 일에 매진하고, 동시에 실수와 실패에 좌절하거나 낙담하지 않고 그 너머를 바라보는 멘탈리티(mentality)를 갖고 있습니다. 나아가 그들은 실패에서 어떤 의미나 이유를 찾는 데 시간을 낭비하지도 않습니다. 그들은 작은 실패(failure)

를 커다란 실패(fiasco)로 바라보지도 않거니와, 실패의 교훈을 확대하거나 분석하지도 않습니다. 회복탄력성을 갖춘 이들은 마치 삶에서 실패가 반드시 거쳐 가야 할 당연한 징검다리 중 하나라고 믿는 것처럼 보입니다.

미국 컬럼비아대학의 심리학 교수 조지 보나노(George Bonanno)는 회복탄력성을 두고 인류가 오랜 진화의 과정을 거쳐 만들어온 위기대응 시스템의 하나라고 주장했습니다. 그는 『슬픔 뒤에 오는 것들』에서 본능적으로 회복탄력성을 갖춘 사람들은 '잠재적 외상성 사건(potentially traumatic event)'을 겪을 때 이를 재앙이라고 부르기를 거부한다고 말합니다.[83] 외상(트라우마)이라는 건 사실 마음의 작용일뿐 사건 자체와는 아무 상관이 없는 거라고 믿는다는 거죠. 도리어 사람들은 해당 사건을 겪은 다음 이를 심리적으로 재구성하는 과정에서 트라우마를 겪는다고 말합니다. 결국 정신적 외상은 사건을 어떤 관점에서 바라보느냐에 달려 있다고 볼 수 있습니다. 페이스북의 최고운영책임자로 있는 셰릴 샌드버그(Sheryl Sandberg)는 건강했던 남편을 하루아침에 잃고 절망의 한 가운데에서 웅크리고 있을 때 심리학자 애덤 그랜트(Adam Grant)를 만나며 회복탄력성이 인생에서 얼마나 중요한지 깨닫게 되었습니다. 그녀에게 남편은 삶의 전부이자 자신의 전 존재를 다 가져갈 만큼 중요한 사람이었지만, 단순히 그 사실만으로 그녀가 이 사건을 외상이라고 받아들일 근거는 아무

것도 없다는 걸 알게 되죠. 그 내용은 자전적 에세이인 『옵션 B』에 자세히 나와 있습니다.

미국 미네소타대학의 심리학자 노먼 가르메지(Norman Garmezy)와 엘리엇 로드닉(Eliot Rodnick) 역시 회복탄력성을 가진 이들이 삶을 훨씬 긍정적으로 보며 병의 치료도 훨씬 빠르다는 사실을 밝혀냈습니다.[84] 그들은 회복탄력성을 연구하기 위해 정신병원에서 정신분열증을 앓는 이들을 대상으로 조사를 했는데요. 인생의 스트레스 상황에 노출되었더라도 회복탄력성을 갖춘 환자들이 상황을 매우 유연하게 수용한다는 사실을 확인한 겁니다. 이와 관련하여 캘리포니아대학의 에미 워너(Emmy E. Werner) 교수는 1955년부터 하와이 카우아이 섬에서 태어난 698명의 아이들을 대상으로 32년에 걸쳐 끈질긴 추적조사를 시행했습니다.[85] 그녀는 마약과 범죄, 가정폭력과 가난 등 열악한 환경에서 자란 아이들이 대부분 범죄자나 사회부적응자로 자라날 거라고 예상했지만, 그러한 환경의 아이들 중 3분의 1은 자신의 성장 배경에 구애받지 않고 매우 유능한 성인들로 성장했다는 사실을 발견했죠. 개중에는 천문학자, 의사, 치과의사, 변호사들도 있었습니다. 그들은 학업에서 큰 성취를 이뤘고 훗날 번듯한 성인이 되어 가정을 꾸렸으며 현실적인 교육 및 직업 목표에 대한 기대를 이루었습니다. 그들이 40세가 되었을 때, 단 한 명의 실업자도 없었으며, 이혼율이나 사망률로 현저하게 낮았습니다.

왜 이런 일이 일어났을까요? 회복탄력성이 있었기 때문입니다. 회복탄력성은 환경이나 배경을 탓하지 않습니다. 그보다 자신이 당장 할 수 있는 일, 바꿀 수 있는 부분에 집중할 뿐입니다. 메타버스 시대를 맞이한 아이들도 그 어느 때보다 회복탄력성이 요구됩니다. 가상세계는 어쩌면 현실세계보다 실패를 덜 두려워할 수 있는 환경이라고 생각할 수 있습니다. 고층빌딩을 쌓다 실패하면 허물고 다시 지으면 그만이기 때문입니다. 다른 이들과의 관계 역시 뭔가 잘못된 조짐이 보이면 로그아웃해버리면 그만일지 모릅니다. 하지만 사실 상황은 그렇지 않습니다. 우리는 언제나 실패를 두려워합니다. 사실 현실세계나 가상세계나 실패는 견디기 괴로운 경험입니다. 게임에서 주어진 미션을 수행하지 못했을 때 얼마나 짜증 나고 분통 터지는지 게임을 좋아하는 부모님들은 모두 다 잘 알 겁니다.

아이들에게 어떻게 회복탄력성을 길러줄 수 있을까요? 무엇보다 실패에서 무언가를 배우려고 고집하지 말고 실패 자체를 받아들이는 연습을 하는 게 중요합니다. 우리는 실패한 후에 의미를 부여하는 뒷궁리(hindsight)에 너무 많은 시간을 들이는 경향이 있습니다. 심지어 교사들도 잘못한 학생에게 반성문을 요구하며 문제에 과도한 형이상학적 의미를 부여합니다. 그러나 회복탄력성에는 그런 태도가 도리어 방해가 됩니다. 그보다는 실패는 성공의 어머니라고, 학습뿐 아니라 인생의 모든 도전에는 불가피하게 실패가 따를 수밖에 없다는 점을 알려주는 겁니다. 문제는 실패하지 않는 게 아니라 실패에서 포기하지 않는 것에 있기 때문입니다.

게임 과몰입
스스로 극복하기

인간은 게임을 하는 동물입니다. 게임은 인류의 역사와 함께한다고 볼 수 있습니다. 네덜란드의 학자 하위징아(Johan Huizinga)는 이러한 놀이의 인간을 일컬어 호모 사피엔스의 상대 개념으로 '호모 루덴스(homo ludens)'라는 용어를 제안했습니다.[86] 호모 루덴스는 말 그대로 놀이하는 인간 혹은 유희의 인간을 의미합니다. 물론 여기서 놀이는 단순히 논다는 개념보다는 정신적인 창작 활동을 가리킵니다. 인간은 놀이를 통해 무질서한(chaos) 세상에 질서(cosmos)를 부여하고 시간과 공간을 직조(織造)하며 의미와 언어, 문화와 역사를 빚어냈습니다. 하위징아는 이러한 인간의 놀이 공간을 '매직서클(magic circle)'이라고 명명했습니다. 매직서클은 일상의 규칙이 적용되지 않는 공간, 우연의 행위가 필연이 되는 공간입니다. 이 공간 안에서는 라인(line)을 넘어서는 안 되며, 넘는 순간 아웃(out)이 되고 맙니다. 공은 반드시 손바닥으로 지면을 향해 튕겨야 하며, 공을 들고 두 걸음 이상 걷는 건 안 됩니다. 게다가 공은 반드시 상대편 원형 그물 안으로 던져 넣어야 합니다. 이러한 규칙이 지켜지면 이 매직서클은 농구라는 새로운 세계를 창출하게 됩니다.

프랑스의 사회학자 로제 카이와(Roger Caillois)는 『놀이와 인간』에서 인간을 아예 '놀이꾼(joueur)'이라고 규정했습니다.[87] 그는 인간의 놀이에는 아곤과 알레아, 미미크리, 일링크스처럼 네 가지가 존재한다고 보았죠. 먼저 아곤(Agon)은 권투나 레슬링, 바둑이나 체스 같이 상대와 경쟁을 기반으로 한 놀이를 말합니다. 이 게임은 전략과 기술을 써서 상대를 제압하는 것을 목표로 합니다. 반면 알레아(Alea)는 주사위 놀이나 포커, 도박과 같이 우연을 기반으로 한 놀이를 말합니다. 알레아에는 전략과 기술이 통하지 않고, 오로지 확률과 통계에 기반하여 승부가 판가름 납니다. 미미크리(Mimicry)는 소꿉놀이나 장난감 놀이처럼 모방을 통한 놀이를 말하는데요. 미미크리는 승부보다는 자체적인 재미를 위해 하며, 규칙이 미미하고 참가자의 자유로운 행동이 가능합니다. 마지막으로 일링크스(Ilinx)는 서커스나 롤러코스터처럼 현기증이나 공포를 기반으로 한 놀이를 말합니다. 최근 번지점프

같은 엑스스포츠가 여기에 해당합니다.

　이러한 인간의 본능 때문인지 메타버스 세계에서도 단연 빠질 수 없는 게 바로 게임입니다. 기본적으로 놀이와 즐거움을 배제한 상태에서 인간이 역사상 이룬 문명과 문화 중에서 건질 수 있는 게 과연 얼마나 될까 싶기도 합니다. 특히 메타버스는 기본적으로 게임과 비슷한 형태로 만들어지는 경우가 많습니다. 사실 게임은 찬반양론이 팽팽한 분야입니다. 경기도교육연구원에서 발간한 보고서[88]를 살펴보면, 게임에 대한 긍정적인 측면과 부정적인 측면이 공존하고 있다는 사실을 알 수 있습니다. 여기서 반드시 짚고 넘어가야 할 한 가지 중요한 사실은 디지털 게임을 비행이나 범죄 등 모든 청소년 문제의 근원으로 보거나 심리적, 정서적 발달을 해치는 유해물로만 바라보는 입장은 자녀의 공감을 얻기 어렵다는 점입니다. 이렇게 기성세대가 선언적으로 문제를 정의하는 건 더 이상 자녀와 대화를 이어갈 수 없는 걸림돌이 될 뿐입니다. 보고서의 결론처럼 부모나 교사가 자녀나 학생에게 일방적으로 의견을 제시하고 제어하려 드는 방식이 되어서는 안 되고 함께 대화로 이해를 교환하는 과정을 통해 같이 풀어내어야 할 문제라고 생각합니다. 게다가 게임 리터러시 교육은 어린이와 청소년에게만 필요한 게 아니라 디지털 세상을 함께 살아가는 어른(특히 학부모와 교사)을 위한 교육이기도 하다는 점에 적극 동의합니다.

많은 부모님들이 놀라시겠지만, 제 아들에게 본격적인 PC게임을 가르친 사람은 바로 '아빠'인 저였습니다. 되도록 게임을 하지 않도록 손발을 묶어놔도 시원치 않을 판에 도리어 부모가 되어서 아들이 컴퓨터 게임을 하도록 부추겼다니요? 하지만 게임을 막을 수 없다면 게임을 제대로 배우고 스스로 제어하고 통제하는 힘을 길러주는 게 더 시급하다고 느꼈습니다. 모든 미디어가 그렇듯이 게임도 제대로 쓰면 약이 되고, 잘못 쓰면 독이 되는 것입니다. 제대로 쓴다는 것은 게임 리터러시를 가지고 게임을 대하는 것입니다. 초등학교에 입학하고 얼마 지나지 않은 아들을 무릎에 앉히고 사이트에 가입한 후 아들과 함께 카트라이더라는 레이싱 게임을 시작했습니다. 아들은 단순한 키 조작을 배운 다음, 바로 게임을 즐기기 시작했습니다. 얼마 지나지 않아 아들은 레이싱 게임에 푹 빠졌습니다. 이후 게임은 말 그대로 아들의 일부가 되었습니다. 중고등학생 시절 게임 때문에 아들에게 몇 번 소리를 높인 적은 있지만, 저는 아들이 스스로 게임을 절제하고 나름대로 의미 있게 즐기는 법을 터득했다고 생각합니다.

게임 리터러시는 게임에 대한 이해를 바탕으로 게임과 게임 이용을 비판적으로 성찰하고, 게임 문화가 구현되는 사회적, 경제적 맥락을 파악하며, 게임을 통해 창의적으로 의미를 표현하고 소통할 수 있는 능력이라고 할 수 있습니다.[89] 저는 아이들에게 게임 리터러시를 제대로 가르쳐서 함양하고 실천하게 한다면 게임과의 전쟁에서 승리할 수 있을 것이라고 생각합니다. 저뿐만 아닙니다. 서울시 교육청의 방승호 선생님은 게임하는 아이들과 인터뷰를 진행하면서 아이들의 마음을 이해하게 되었다고 고백합니다.[90]

"아이들을 상담하면서 느낀 것은 게임을 많이 하면서도 제대로 하는 법을 배운 아이들이 별로 없었다는 것이다. 학교에 PC방을 만들어 e스포츠와 운영, 롤(LoL) 프로선수단 운영, 초중고 게임 과몰입 및 재능개발 프로그램 등을 운영하면서 아이들이 게임을 체계적으로 배우도록 했더니, 게임을 과하게 이용하던 학생 80% 이상이 게임 이용 행동이 자연스럽게 개선되었다. 또한 게임 시간을 절제하고, 즐기고, 게임으로 인한 부모와의 갈등이 줄어드는 것을 현장에서 눈으로 보았다."

"그동안 게임 때문에 문제가 있다는 아이를 상담해보면, 게임이 아이를 망친 게 아니라 성적과 입시뿐인 현실에서 아이의 탈출구가 게임뿐인 경우가 대부분이었다."[91]

경기도교육연구원의 보고서(2020)에 보면, 게임 과몰입에 대한 두 가지 상반되는 부모의 입장이 나옵니다. 첫째는 게임 과몰입을 중독과 크게 다르지 않다고 인식하면서 청소년 게임 이용을 최대한 막아야 한다는 입장입니다. 둘째는 적극적인 통제의 조건으로 학생 스스로 통재와 중재가 가능한 합리적인 판단이 동반되어야 한다는 의견과 게임 자체에 모든 문제를 귀인하는 접근은 바람직하지 않다는 의견입니다. 다시 말해 게임 과몰입의 문제를 학생 스스로 극복할 수 있는 역량을 길러주는 것이 게임 과몰입을 대하는 교육적 노력의 핵심이 되어야 한다는 점을 지적합니다. 게임의 문화적, 교육적 효과에 대해서도 부모들의 의견이 첨예하게 갈렸습니다. 게임이 현실적으로 학생들이 스트레스를 해소하는 창구기능을 할 수 없을 것이라는 인식과 게임을 통한 동료와의 소통이 인간적 유대감과 문화적 감수성을 경험하게 하는 중요한 역할을 할 수 있다는 의견이 상충한다고 합니다.[92]

저는 개인적으로 후자의 입장입니다. 게임은 정말 재미있기 때문에 아이들이 쉽게 빠져듭니다. 김상균 교수는 "게임만큼 인간에게 다양하고 깊이 있는 재미와 몰입감을 효율적으로 전달하는 수단이 드물기 때문"이라고 말합니다.[93] 이렇듯 아이들을 게임에서 완전히 분리할 수 없다면 애초에 게임을 스스로 조절하고 규칙에 따라 정해진 시간만큼 스트레스 해소용이나 친구들과 소통하는 창구로 이용할 수 있도록 만들어주는 것이 필요하지 않을까요? 게임과 같이 일상생활에 밀접하게 있는 미디어에 대한 태도는 습관이 되기까지 많은 시간이 필요합니다. 끈기를 가지고 인내하면서 기다려 주어야 합니다. 게임 리터러시야말로 메타버스 시대에 가장 필요한 소양이기 때문입니다.

여기 지면을 빌어 아들과의 기나긴 게임 리터러시 교육 사례를 소개하고자 합니다. 다음은 제가 카카오 브런치에 연재한 글의 일부분입니다.

10년 넘게 지켜온 규칙이 있었다. 아들에게 언제 PC를 사주었는지 정확히 기억이 나지 않지만, 초등학교 고학년이 되면서 아들은 게임에 심취하기 시작했고 아들에게 PC를 사주게 되면서 한 가지 철칙을 세운 것이다. 'PC를 아들 방에 두지 않기!' 아들은 선택의 여지가 없었다. 개인 PC를 사주는 조건으로 함께 세운 규칙이었기 때문이다. 일주일에 3회, 1회에 2시간 이상 넘기지 않기, 거실에 아빠 컴퓨터와 함께 배치하기, 폭력/야동 관련 영상 보지 않기 등. 아들과 함께 규칙을 세우고, 함께 지키기로 했다.

내 PC과 아들 PC를 나란히 거실에 배치하니 아들이 가끔 친구들을 불러와서 2~3명이 함께 게임을 하기도(PC방 가는 횟수를 줄일 수 있음) 하는 등 여러 상황이 발생했다. 아내는 거실이 지저분해지고, 창문을 막는다는 푸념과 함께 덩치 큰 남자 두 명이 매일 거실 창문 쪽을 차지하고 있으니 채광을 가리고 답답하다고 말했다. 하지만 가족끼리긴 해도 오픈된 장소에서의 PC를 사용하다 보니 스스로 조심해서 사용하게 되는 장점이 있었다.

지난 몇 년간 아들은 PC를 방에 들이기 위해 몇 번 시도했다. "절대 시간을 엄수하고 사용할게요. 폭력·음란물을 보지 않을게요. 공부에 방해되지 않게 할게요." 여러 이유를 둘러댔지만 함께 합의하고 결정하는 순간에는 결국 뜻을 굽혔다. 아들은 대학입시 과정을 모두 끝내고 나서야 PC를 자신의 방으로 들였다. 아들 PC는 아들방에, 내 PC는 안방으로 이사했다. 그동안 나도 강의 촬영이나 실시간으로 강의할 때, 어쩔 수 없이 노트북으로 방에서 강의하곤 했는데, 내 PC가 방으로 들어오니 강의 촬영도 실시간 강의도 눈치 보지 않고 원하는 시간에 할 수 있게 되어 좋았다.

아들은 처음에 아들 나름대로 밤새도록 게임을 하기도 하고 원하는 대로 PC를 사용하는 것 같았다. 고등학교 3년 동안 억눌렸던 시간이 폭발했는지 대학 입학 전까지 대략 2~3개월 동안 아들방은 말 그대로 개인 PC방이 되었다. 밤늦도록 불이 꺼지지 않았고, 정오가 되어서야 눈을 뜨는 나날이 이어졌다. 아내는 저렇게 두어도 되냐고 걱정했지만, 나는 괜찮다고 기다리라고 했다. '그동안 얼마나 하고 싶었을까! 일생에 한두 번 정도 저런 시간도 있어야지. 대학 가면 또다시 경쟁이 시작될 텐데, 잠시 원하는 대로 즐기도록 시간을 주자.'

그렇게 폭주하던 아들도 개강일이 다가오자 점차 원래 일상으로 돌아왔다. 나는 지난 몇 년 동안 거실에 PC를 두고 함께 노력했던 시간이 헛되지 않았다고 본다. 요즘 아이들에게 게임만큼 재미있는 일이 많지 않다. 게임을 금할 수 없다면 바르게 즐기는 법을 알려주어야 한다. 아들은 2~3년마다 PC를 바꾸었는데, 그때마다 아들이 직접 사양을 고르고, 그래픽카드 등 부품을 구입해서 업그레이드하는 모든 걸 스스로 결정했다. 매번 내가 상한가를 제시하면 아들이 거기에 맞춰 사양을 고르는 방식이었다. 듀얼 모니터도 아들에게 양보해서 게임할 때 최대한 불편함을 느끼지 않게 배려했다. PC를 새로 장만할 때마다, 새해가 될 때마다, 규칙이 잘 지켜지지 않을 때마다 다시 규칙을 합의하고 수정하는 일이 반복되었지만, 최종적으로 모든 결정은 아들이 스스로 내리도록 했다. 스스로 결정하고 그 결과도 책임지라는 의미였다.

교육 분야나 심리학에서는 '자기 결정성'이라고 한다. 인간은 스스로 결정한 사항에 대해서는 지키려고 하고 책임지려고 하는 성향이 있다고 한다. 아들의 성격 탓도 있지만 집의 PC 사양이 그럭저럭 사용할 만하니, 다른 아이들보다 PC방에 가는 횟수가 비교조차 되지 않을 정도로 적었다. 상대적으로 거실에서 게임하는 모습을 눈앞에서 계속 보게 되니, 아들의 뒤통수를 치면서 들어가서 공부하라고 잔소리하고 싶은 마음이 잦아지는 건 반작용으로 나타나는 현상이었다. 그럴 때마다 우리 부부는 서로의 손을 잡고 입을 막아 참기로 했다. 습관은 하루아침에 생기지 않는다. 나쁜 습관은 쉽게 물들지만 좋은 습관을 몸에 익히는 건 오래 걸린다. 디지털 리터러시는 지식으로 끝나지 않고 일상에서 행위와 태도로 나타나야 한다. 온라인 세상에서 올바르게 살아가려면 비판적으로 정보를 바라보고 스스로 행위를 결정하고 그 결과도 책임질 수 있어야 한다. 다행히 그렇게 함께 노력한 시간은 열매를 맺은 것 같다. 아들에게 게임과 PC 사용은 더 이상 컨트롤할 수 없는 도구가 아닌 듯하다. 물론 가끔 일탈하기도 하지만 결국 제자리로 돌아오는 힘을 가졌다고 믿는다. 아들의 적응 덕분에 드디어 거실은 PC방이 아닌 원래 목적에 맞는 모습이 되었다.

유아들을 대상으로 한 게임 리터러시 교육 사례도 있습니다. 서울시 교육청 유아교육과에서 유아교육 장학사님들을 대상으로 연수를 진행한 적이 있습니다. 유아교육은 제 전공이 아니라서 고민을 하다가 미래 교육 차원에서 안내해 드리려고 강의를 준비했습니다. 마침 제가 협업했던 분 중에 최승준 선생님이 있어서 연락을 드렸더니 유치원에서 교육했던 디지털 리터러시 교육 사례를 소개해 주셨습니다. 최승준 선생은 한미유치원을 설립하여 지금도 여러 가지 교육 프로그램을 만들고 적용하고 계신 분입니다.

한미유치원에서는 현재를 살아가는 아이들이 떼려야 뗄 수 없는 디지털 환경에서 잘 놀고 잘 성장하기를 바라는 마음으로 여러 가지 시도를 하고 있습니다. 여기에는 이 책 뒷부분에서 설명할 미첼 레스닉 교수의 창의적 배움 나선의 방식이 적용됩니다. 배움이 어떻게 일어나는지 아이들이 상상하고, 만들고, 놀고, 공유하고, 성찰하고, 다시 상상하는 과정을 거치면서 탐색하고 체득하기를 바라고 있습니다. 2021년 아이들과 시도했던 '뾰족산의 보물'은 아이들이 직접 그린 그림이 아바타가 되고, 서로 수수께끼를 맞히면서 배움을 추구하는 형태로 구성되어 있습니다.

뾰족산의 보물(출처: 한미유치원 디지털 놀이터)

뾰족산의 보물은 최승준 선생이 설계하고 제작한 메타버스 공간에서 펼쳐지는데, 마인크래프트 사용법과 유사합니다. 한미유치원을 검색하셔서 '디지털 놀이터'에 들어가시면 직접 체험해 보실 수 있습니다.[94] 뾰족산의 보물 프로젝트에서 매우 의미 있는 부분은 공간을 기존의 프로그래머나 제작자가 만들지 않고 아이들과 부모님들이 함께 만든다는 점입니다. 아이들이 자신만의 캐릭터를 그리면 이 캐릭터를 메타버스 공간에서 자신의 아바타로 활용할 수 있도록 변환해 줍니다. 그리고 각 아바타가 내는 문제는 아이들과 부모님으로부터 사전에 의견을 받아서 제작했다는 것입니다. 이런 흐름은 아이들이 디지털 세상에서 수동적인 소비자가 아닌 능동적인 참여자와 창작자로 성장하는 데 도움을 줍니다. 자신이 그린 그림이 메타버스 공간에서 다른 아바타와 상호작용하고 활동하는 것을 보게 되면 자신의 그림(아바타)에 의미를 부여하게 되고, 왜 그렇게 그리게 되었는지 성찰하게 됩니다. 이런 사고의 흐름은 창의적 사고 나선처럼 확장하며 자연스럽게 이어지게 됩니다. 스크래치를 만든 미첼 레스닉 교수는 『평생유치원』에서 놀이에 대해 이렇게 설명합니다.

"나는 놀랍게도 덴마크에는 '놀이'에 대응하는 단어가 두 가지 있다는 것을 알게 되었다. 'spille'라는 단어는 스포츠 경기나 비디오 게임처럼 정의된 구조와 규칙이 있는 놀이를 표현하는 데 사용되며, 'lege'라는 단어는 정해진 목표 없이 창의적이고 개방적인 놀이를 표현하는데 사용된다. …(중략)… 아이들을 창의적 두뇌로 키우기 위해서는 놀이의 유형을 구분해 'spille'보다 'lege'를, 놀이룰보다는 놀이터를 더 강조해야 한다."[95]

우리나라 유치원 표준교육과정은 현재 '누리과정'으로 되어 있으며 유아중심과 놀이중심을 추구합니다. 바로 놀이를 통해서 학습하는 것을 강조하고 있습니다. 최승준 선생은 로블록스 스튜디오에서 아이들과 다양한 공간을 설계할 때 두 명씩 짝을 지어서 활동하게 했더니, 마치 레고 블록으로 무언가를 만들 때처럼 서로 이야기하면서 친구와의 관계가 더욱 돈독해지는 효과를 얻었다고 말합니다. 이런 변화는 유아들도 메타버스 공간에서 자신의 스토리에 따라 공간을 꾸미고 구체적인 사물을 만드는 행위가 가능하며 그런 활동을 통해 배움이 일어나게 할 수 있다는 가능성을 보여줍니다. 이렇게 메타버스 공간에서 스스로 무언가를 만들고 의미를 부여해본 아이는 능동적이고 스스로 절제할 줄 아는 학습자로 성장하게 될 것입니다.

part IV
자녀와 함께하는
메타버스 실전

"오늘날 나는 우리가 인터넷을 보고(look at)있지만,
미래에는 당신이 경험 속에 들어갈(be in) 거라고 생각한다."
- 마크 저커버그(Mark Zuckerberg) -

아빠와 게임으로 배우는 메타버스

게임 관련 이론이나 세미나에 참석해 보면 재미있는 비유로 이야기를 풀어나가시는 분들이 있습니다. 어느 강연에서 강연자가 청중에게 이렇게 질문합니다.

"여러분, 혹시 세상에서 가장 협업과 의사소통을 잘하는 사람들이 누구인지 아십니까?"

아마도 코칭 하는 분들이나 심리상담가, 신경정신과 의사 등이 생각나실 겁니다. 그 자리에 모인 청중들도 비슷한 답변들을 내놓습니다. 그러자 강연자는 이렇게 말합니다.

"모두 틀렸습니다. 재미있게도 '게이머'들 입니다. 생전 처음 보는 사람들끼리 모여서 팀을 이루고 공동의 목표를 위해서 열심히 노력합니다. 심지어 함께 전략도 짜고 역할도 나누기 위해 활발한 의사소통도 합니다. 그리고 맡은 임무를 수행하기 위해 최선을 다합니다.”

한바탕 웃음이 터집니다. 듣고 보니 맞는 말입니다. 아이들이 게임할 때 옆에서 가만히 보면 자신을 희생해서라도 팀이 이기는 데 일조하려고 하고, 어른들은 따라가기도 어려울 정도의 대화와 채팅으로 의사소통을 합니다. 때로는 다른 나라 사람들과도 어울려서 글로벌하게 협력하기도 합니다. 영어공부 그렇게 하라고 잔소리를 해왔는데, 게임을 할 때는 알아서 짧은 영어를 동원하여 의사소통을 이어갑니다.

아들과 대화를 나눠보니 요즘 MZ세대는 확실히 기성세대와는 다른 세상을 경험하고 있었습니다. 아들의 견해를 빌리자면, 실지로 진짜 협력이나 의사소통을 잘하는 것은 ‘프로 게이머’의 영역이라고 합니다. 친구들끼리 협력하는 것은 게임에서 의도적으로 일어나지는 않는데, 기본적으로 협력이 바탕에 깔린 상황이라고 합니다. 다만 협력을 잘하는 사람보다는 거꾸로 협력을 안 하는 사람들을 배척하는 문화가 있는데 협력을 안 하고 방해하거나 태업을 일삼는 사람을 ‘트롤’이라고 부른다고 합니다. 트롤(troll)은 원래 북유럽 신화에 등장하는 인간과 비슷한 모습의 거인족을 말하는데, 소설이나 만화에서 장난스러운 캐릭터로 묘사되기도 합니다. 「해리포터」 시리즈나 「반지의 제왕」 시리즈에서는 인간에게 해가 되는 행동을 하는 나쁜 거인족으로 묘사됩니다. 아들의 말에 따르면, 보통 온라인 게임에서는 팀을 이뤄서 상대팀과 겨루는 경우가 많은데, 이때 우리팀이면서 팀에게 해가 되는 행동을 하는 유저를 '트롤'이라고 부르고 이를 배척하는 문화가 있다고 합니다.

또 한 가지 흥미로운 점은 유저들 중에 아무런 대가 없이 자신의 노하우를 나눠주는 사람도 있다고 합니다. 여기서 아들의 설명을 잠시 인용해 보겠습니다.

"게임에서 보스(우두머리)를 공략(죽이는)하는 던전(dungeon)이라는 곳이 있는데 몬스터들이 모여 있는 공간이라고 보시면 돼요. 보스가 있는 던전은 혼자 깨기가 힘들어서 여러 명이 함께 모여서 협력해서 깨야 하는 경우가 많아요. 그때는 진짜 모르는 사람들끼리 협력하는 흐름이 자연스럽게 형성돼요. 보스가 있는 던전을 '레이드'라고 하는데, 레이드를 공략하기 위해 팀원을 모으는 사람을 '공대장(공격대장)'이라고 해요. 근데 그 공격이 쉽지 않기 때문에 여러 가지 노하우가 필요한데, 그런 노하우를 알려주는 팀도 있어요. 그런 모임(게임에서는 '파티'라고 함)을 '학원팟'이라고 불러요. 학원팟의 대장을 '선생님'이라고 부르기도 해요. 학원팟의 선생님은 보스를 잘 잡는 법을 알려주는데 그냥 아무 대가 없이 다른 팀원들에게 그런 방법을 알려주는 거예요."

이런 모습은 제가 이 책을 시작하면서 언급했던 영화 「레디 플레이어 원」에서도 고스란히 등장합니다. 5천억 달러의 상금을 얻기 위해 오아시스에 숨겨 놓은 세 개의 열쇠를 얻어 최종적으로 이스터 에그를 확보하는 대장정 레이스는 마치 '인간은 인간에게 늑대(Homo homini lupus)'라는 홉스의 명언을 떠올리게 할 정도로 무한경쟁을 보여줍니다. 물론 게임에 참여한 플레이어들은 서로에게 각자도생의 사명을 띤 경쟁자들인 건 분명합니다. 그러나 영화를 보신 분들은 알겠지만, 마지막에 주인공 퍼시발(웨이드)이 가상세계 오아시스가 악당의 손에 넘어가는 것을 막기 위해 스트리밍 생중계로 플레이어들에게 함께 싸우자고 호소하자, 그 수를 헤아리기 힘들 정도로 다양한 다국적 아바타들이 협력하여 싸움에 동참합니다. 그리고 퍼시발이 오아시스를 지켜낸 다음, 그는 화요일과 목요일에 오아시스를 폐쇄하는 결정을 내립니다. 플레이어들이 가상세계에서 벗어나 현실세계의 사람들과 좀 더 시간을 보내길 바라는 마음에서 내린 선택이었죠. 모든 플레이어들은 퍼시발의 결정을 존중합니다. 저는 이 두 장면을 보면서 가상 게임세계의 협력이 현실세계와 맞닿아있으며 결국 모든 가치는 현실세계에 기반하고 있다는 사실을 깨달았습니다.

원래 디지털 문화의 긍정적인 면은 협력과 소통을 자연스럽게 할 수 있다는 것입니다. 웹2.0의 정신은 '참여, 공유, 개방'입니다. 우리가 쓰고 있는 월드와이드웹을 처음으로 개발한 팀 버너스리(Timothy Berners-Lee)는 자신이 만든 기술을 누구나 사용할 수 있도록 무료로 풀어버렸습니다. 메타버스 공간에서도 여러 문화가 존재합니다. 그렇기에 자녀에게 서로 협력하고 소통하는 방법을 알려주는 것이 중요합니다. 현실세계에서도 제대로 된 인성을 갖춘 아이가 인정받는 것처럼 메타버스에서도 마찬가지입니다. 자신의 모습을 아바타로 대체하고 실명이 아닌 아이디나 별칭을 사용한다고 해도 결국 자신의 정체성과 태도는 드러나기 마련입니다.

저도 종종 아들과 게임을 하기는 했지만 이렇게 게임 유저들 간의 문화는 잘 몰랐습니다. 아들의 설명을 듣고 나니, 게임을 하는 아이들의 행동과 문화를 조금 이해할 것 같습니다. 아이들에게 친구들 간에 인간관계를 배우고 서로를 존중하고 협력할 수 있는 태도를 길러주는 방법은 무엇일까요?

아이 스스로 팀을 만들고 공동의 목표를 위해서 노력하는 기회를 제공해주는 것이 필요합니다. 앞서 소개했던 것처럼 아들은 초등학교 때 스크래치를 배워서 간단한 코딩을 할 줄 알게 되었습니다. 초등학교 고학년 때는 포토샵을 익혀서 컴퓨터로 그림을 그리는 것을 취미로 삼고 있던 때였습니다. 중학교에 진학한 아들이 어느 날 제게 와서 말합니다.

"아빠, 학교에 컴퓨터실이 있는데 먼지만 쌓여있고, 제대로 사용하는 사람이 없어요. 그리고 컴퓨터 동아리도 없어요. 제가 만들어야겠어요."

얼마 뒤 아들이 상기된 얼굴로 뛰어와서 얘기합니다.

"아빠, 동아리를 새로 만들려면 지도 선생님이 있어야 하는데, 학교에 정보 선생님이 없어요. 다행히 역사 선생님이 컴퓨터를 잘 다루시는데, 제가 부탁드렸더니 맡아주신다고 하셨어요. 이제 동아리를 만들 수 있을 거 같아요!"

그렇게 아들은 '게임 제작 동아리'를 만들어서 중학교 2년 동안 열심히 활동했습니다. 학교 축제 때 게임 부스도 운영해서 아이들이 좋아했다고 뿌듯해했습니다. 아들은 이 일을 통해 서로 존중하고 협력하는 태도를 배웠다고 합니다. 어느 날 아들이 누가 밥을 사준다고 하며 나갔다 오더니, 기쁜 일이 있다며 소식을 전해줍니다. 중학생 때 함께 의기투합했던 동아리 후배가 마이스터 고등학교에 진학했고, IT 관련 회사에서 일하게 되어서 자기에게 밥을 사주고 갔다고 제게 자랑합니다. 후배가 그때 아들이 동아리를 만들어주어서 함께 재미있게 코딩을 할 수 있었다고 고맙다고 했다고 합니다.

아이는 정말 잠재력의 보고인 것 같습니다. 아이가 좋아하는 일을 할 기회를 준다면 자기 스스로 자신의 잠재력을 찾아내고 함께 어울려 서로에게 도움이 되는 일을 할 수 있습니다. 만약 자녀가 게임을 좋아한다면 어떤 파티에서 활동하는지, 혹시 레이드는 가봤는지 얘기를 나눠보는 건 어떨까요? 그리고 함께 협력하는 즐거움을 경험하고 있는지 물어보는 건 어떨까요? 그것이야말로 메타버스 세계에서 협력의 가치를 배우는 기회일 테니까요.

디지털 프로슈머: 아빠와 함께 만드는 포트폴리오

메타버스에서 중요한 활동은 자신을 표현하고 필요한 것을 창작하는 행위입니다. 미래학자 앨빈 토플러가 얘기한 '프로슈머'의 역할이 필요합니다. 프로슈머는 소비하는 동시에 제작, 창작하는 사람을 말합니다. 2부에서 살펴본 바와 같이 디지털 리터러시가 발현되는 과정은 의사소통과 협업, 문제해결, 콘텐츠 창작 활동이 이루어질 때입니다. 한 사람이 만든 콘텐츠가 하나의 생산물이라면 이를 활용하는 이들에게는 소비재가 될 수 있습니다. 동시에 게시한 콘텐츠를 통해 수익을 창출할 수 있으며, 이는 디지털 생태계를 지탱하는 중요한 경제행위가 됩니다. 이때 소비자는 과거 산업시대의 소비자처럼 단순히 소비 행위에 머물러 있는 게 아니라 소비를 통해 적극적으로 생산에 참여하는 거죠.

1) 그림

저는 아들이 디지털 세상에서 자신의 아이디어를 표현할 수 있도록 디지털 도구로 그림을 그리거나 간단한 코딩으로 콘텐츠를 만드는 법을 가르쳐 주었습니다. 제가 컴퓨터 교육 전문가인지라 아들도 컴퓨터에 관심이 있을까 하여 하루는 '무료 스크래치데이' 행사에 데려갔습니다. 앞서 언급했던 스크래치는 미국 MIT에서 만든 학생용 코딩 도구입니다. 지금은 소프트웨어 교육이 필수화되어서 초등학교 17시간, 중학교 34시간 정도 교육이 이루어지지만, 2010년도 초반에만 하더라도 초등학생을 대상으로 한 소프트웨어(SW) 교육(코딩교육)은 그리 흔하지 않았습니다.

당시 저는 박사 논문으로 스크래치를 활용한 문제해결력 교육을 연구하고 있던 터라 학생들을 대상으로 한 무료 교육 프로그램을 만들고 강의하던 시절이었습니다. 아들은 2학년 때 스크래치를 처음 접했습니다. 처음에 스크래치데이를 통해 간단한 사용법을 배운 후, 이것저것 자신만의 작품을 만들어내기 시작했습니다. 간단한 애니메이션을 만들고 여러 작품을 만들더니 급기야 디지털 도구로 그림 그리는 방법을 물어 왔습니다. 스크래치에도 간단한 그림판이 있는데, 그걸로는 성이 차지 않는 눈치였습니다. 아들이 4학년 때쯤으로 기억하는데, 처음에는 제가 쓰는 포토샵의 간단한 사용법만 알려주었습니다. 참고로 포토샵은 어도비(Adobe)라는 회사에서 만든 이미지 편집 프로그램으로 그림을 그리거나 사진을 편집하는데 주로 사용합니다.

제가 컴퓨터를 배울 때는 정해진 방식이 있었습니다. 예를 들면 간단한 사용법을 익히고, 어느 정도 손에 익으면 고급 기능을 하나둘씩 익히는 식입니다. 컴퓨터를 가르칠 때 주로 사용하는 방법을 따라하기식으로 가르치는 것입니다. 그런데 아들은 배우는 방식이 달랐습니다. 그냥 그림을 그리는 것부터 시작하는 것이었습니다. 망설임 없이 브러시 툴을 이용해서 쓱쓱 그리고 칠하기 시작했습니다. 제가 먼저 브러시 툴에는 뭐가 있고, 어떤 것을 선택해서 어떤 효과를 내고 등등 이런 식으로 배우거나 가르쳤는데, 아들은 그런 매뉴얼식 배움이 아닌 그냥 자기가 원하는 기능을 선택해서 바로 해보고 안 되면 찾는 식으로 배우는 방식이었습니다. 소위 '부딪혀보고 배우기' 방식을 추구했던 겁니다. 이런 식으로 배우니 당연히 재미가 있을 수밖에 없습니다. 자기가 원하는 그림을 그리면서 부족한 부분을 보충하는 흐름이기 때문에 배움의 흐름과 주도권이 아들에게 있었습니다.

미첼 레스닉 교수는 『평생유치원』에서 이런 방식을 아이들이 추구하게 하라고 조언합니다. 이런 방식이 창의성의 원천이 될 것이라고 하면서 아이들에게 무언가를 만들거나 창작할 때 다음과 같은 사이클로 활동하게 하라고 제시합니다.

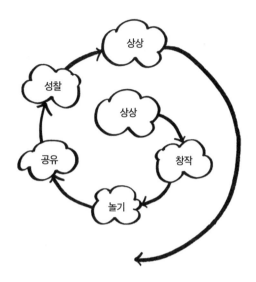

레스닉의 창의적 사고 나선 모형
(출처: 미첼 레스닉(2018), 『평생유치원』)

　레스닉의 '창의적 사고 나선 모형(spiral model of creative thinking)'은 모든 창의적 사고가 작은 생각의 씨앗을 상상하는 (imagine) 데에서 출발한다고 말합니다. 그 상상은 무언가를 만들어(create) 보고 싶다는 충동을 일으키고, 그렇게 창작한 산출물을 가지고 노는(play) 가운데 친구들과 공유(share)가 일어난다는 겁니다. 이때 놀이는 단순한 놀이가 아니라 놀면서 어떻게 바꾸면 좋은지, 새로운 아이디어가 떠오르는지 생각하면서 놀게 되고, 그러면 자연스럽게 성찰(reflect)이 일어나면서 바로 다음 아이디어의 상상(imagine)으로 이어지게 되는 거죠. 이러한 흐름을 스몰 씨(small c)라고 하고 이 스몰 씨들이 모여서 결국 다빈치나 에디슨, 스티브 잡스와 같은 세상을 바꿀만한 빅 씨(big C)를 만들어내는 겁니다. 보통 창의성은 여러 수준이 있는데 레스닉 교수는 세상을 바꿀만한 위대한 발명을 빅 씨라고 한다면, 일상생활에 유용한 어떤 아이디어를 생각해내는 것을 스몰 씨라고 설명합니다.

아들은 가르쳐주지 않아도 스몰 씨를 실천하고 있었던 것입니다. 생각나면 컴퓨터를 붙잡고 그리고, 고치고, 다시 그리고를 반복했습니다. 창의적 사고 나선 모형을 실천하고 있었던 것이죠. 아들의 이런 모습을 보면서 저도 문득 컴퓨터에 미쳐서 여러 프로그램을 독학으로 익히던 시절이 떠올랐습니다. '맞아, 처음에는 매뉴얼식으로 배우다가, 나중에는 나도 모르게 무언가 만들면서 익히곤 했었지.' 아들은 그렇게 포토샵을 배우기 시작하고 1년쯤 되었을 때, 태블릿을 사달라고 했습니다. 마우스로는 정교한 그림을 그리기 어렵고, 손도 아프다는 이유였습니다. 당시 저는 10인치도 안 되는 태블릿을 하나 가지고 있었는데, 우선 그것을 연결해 주었습니다. 하지만 얼마 지나지 않아 아들은 이걸로는 제대로 된 그림을 그릴 수 없다며 조금 더 큰 태블릿을 요구했습니다. 여담이지만 저는 마우스를 양손으로 씁니다. 왼쪽에는 유선 마우스, 오른쪽에는 무선마우스를 사용합니다. 컴퓨터를 한창 배울 당시 마우스를 단기간에 너무 많이 사용해서 한쪽으로만 사용하면 손목이 아파서 1시간을 넘기기 힘들었습니다. '아, 아들도

마우스로만 그림을 그리다간 나처럼 손목이 나가겠구나! 아들의 건강을 위해서라도 투자해야겠다.'

그렇게 큰맘 먹고 저도 사지 않았던 태블릿을 아들에게 사주었습니다. 아빠도 누리지 못한 호사를 아들이 누린 셈이죠. 이후 아들의 그림은 날개를 달기 시작했습니다. 그때 사준 태블릿으로 아들은 중학교, 고등학교 시절에 소일거리로 로고를 그려서 팔았고, 용돈도 짭짤하게 벌었습니다. 물론 여러 대회에 참가하여 입상하기도 했습니다. 우리가 제대로 된 길을 안내해 준다면 아이는 컴퓨터나 스마트폰을 창작의 도구로 사용할 수 있습니다.

2) 음악

교육대학교에서는 교육학이 기본 전공이고 부전공으로 학과를 나눕니다. 저는 국어과를 선택해서 소설이나 시를 쓰고 싶었으나 교육과정을 보니 문법 쪽이 많은 것 같아 차순위로 생각했던 음악교육과를 선택했습니다. 음악교육과에서는 양악과 국악을 모두 배우는데, 당시 고민하다가 새로운 것을 배우고 싶어서 국악의 '거문고'를 부전공으로 하기로 선택했습니다. 어설픈 실력이긴 하지만 '거문고 산조'로 졸업연주회를 하기도 했습니다.

초등학교 음악 시간에 가장 어려운 영역은 다름 아닌 '작곡'입니다. 작곡은 학문의 위계상 멜로디, 화음, 장단조 등 체계적인 음악 이론이 필요하고, 자신이 작곡한 것을 연주할 수 있는 능력도 필요합니다. 보통 오선보에 음표를 그리고, 자신의 음표를 멜로디언이나 리코더로 연주해보면서 수정하는 흐름으로 수업이 진행됩니다. 당시 제가 담임하던 아이들에게 특활시간을 통해 스크래치로 코딩하는 법을 가르치고 있었습니다. 스크래치로 간단한 코딩이 가능해지자, 음악 작곡 시간에 아이들을 데리고 컴퓨터실로 갔습니다. 이전의 작곡 시간에는 음악을 아는 친구들만 적극적으로 참여했고, 음표 그리기를 힘들어하는 아이들은 참여하지 않고 포기하는 아이들도 있었습니다.

컴퓨터실에 도착한 아이들은 음악 시간에 컴퓨터실에 온 것이 좋았는지 왁자지껄 떠들기 시작했습니다. 아이들에게 기본 드럼 패턴 만들기를 알려주고 각자 4/4박자 만들기로 했습니다. 스크래치에는 미디(MIDI) 소리이긴 하지만 바이올린, 피아노, 퍼커션 등의 다양한 음원이 있고, 박자 패턴도 자유롭게 만들 수 있습니다. 반복문을 이용하면 여러 마디에 패턴도 적용할 수 있습니다. 아이들은 각자 이어폰을 끼고 자신만의 패턴을 만들기 시작합니다. 어느 정도 만들고 나서 서로의 작품을 공유하게 했습니다. 아이들은 학급 홈페이지에 자신의 작품을 공유하고 서로 댓글을 달아주죠. 다른 친구들이 만든 패턴을 가져다 쓰기도 하고 집단지성의 과정이 자연스럽게 일어납니다.

요즘 아이들에게 인기 있는 프로그램 중에 「고등래퍼」라는 프로그램이 있습니다. 매년 진행되는 랩 경연 프로그램인데, 대상

이 고등학생이어서 프로그램 타이틀이 고등래퍼입니다. 이 프로
그램에는 학교에 다니는 아이들도 나오지만 학교를 다니지 않는
아이들도 나옵니다. 종종 자신의 방안에서 컴퓨터로 비트 패턴을
만들고 목소리를 녹음하고 자신만의 음악을 만드는 아이들도 등
장하죠. 부모의 반대를 무릅쓰고 자신의 꿈을 이루기 위해서 노
력하는 아이의 모습을 보고 있노라면 울컥하기도 합니다. TV에
출연하는 아이들의 모습을 보면서 부모님들도 결국에는 아이들
의 꿈을 인정하고 격려하는 모습으로 변화하는 스토리가 종종 방
송됩니다. 만약 자녀 중에 자신의 꿈이 '가수'나 '작곡가'라고 말한
다면 어떻게 하실 건가요? 아마 아이에게 그런 재능이 있는지 먼
저 살펴보고 싶을 것입니다. 자녀가 재능이 있는지 발견하려면
그 일을 하도록 만들어주어야 합니다. 여행가가 되고 싶다면 함
께 여행을 가봐야 하고, 운동선수가 되고 싶다고 하면 함께 운동
해 보면 됩니다. 만약 자녀가 작곡가가 되고 싶다고 한다면 디지
털 도구로 작곡하는 법을 가르쳐 주세요. 숨겨진 재능을 발견하
여 놀랄만한 작품을 가지고 올지도 모릅니다.

　　교육대학원에서 강의하던 시절에 인천시 교육청으로부터 게
임 과몰입 아이들을 대상으로 캠프를 진행했을 때의 일입니다.
캠프에서 오전에는 주로 심리, 상담, 자기 관리하기 등의 교육을
시행하고 오후에는 시선 돌리기 방법으로 스크래치 코딩을 가르
쳐 주었습니다. 5일 동안 진행되는 코스였는데, 3일쯤 지났을까

평소에 말이 별로 없던 여자아이가 제게 다가와 무언가를 보여주었습니다.

"선생님, 제가 집에 가서 만든 거예요."

평소에 집에서 혼자 지내는 아이는 게임이나 인터넷 서핑을 주로 하며 지냈는데, 캠프에서 배운 스크래치로 음악을 만들었다고 자랑하는 것이었습니다. 간단한 작품이지만 아이는 스스로 무언가를 만들었다는 성취감과 자신도 의미 있는 작업을 할 수 있다는 자신감이 생겼을 것입니다. 아이의 작품을 함께 감상한 후, 크게 칭찬해 주고 다른 작품도 만들어 보라고 격려해 주었습니다. 우리가 아이에게 환경과 기회를 제공한다면 아이는 디지털 창작을 통해 자신의 아이디어를 표현하는 능력이 자연스럽게 생기게 될 것입니다. 이런 활동을 통해 아이의 잠재역량을 끌어내어 메타버스에서 프로슈머로 살아갈 힘을 길러줄 수 있을 것입니다.

좌: 스크래치로 만든 소리에 따라 랜덤으로 그림 그리기,
우: 스크래치로 만든 음악 연주 프로그램
(출처: 저자가 가르쳤던 스크래치 예제)

메타버스에서는 누구나 창작자가 될 수 있습니다. 제페토나 로블록스에 가보면, 어린아이부터 어른에 이르기까지 자신만의 작품을 만들어서 올리고 판매까지 하기도 합니다. 딸은 스마트패드로 가끔 그림을 그리는데, 자신만의 이모티콘을 만들어서 팔아볼까 하고 있습니다. 메타버스는 아이들에게 상상의 나래를 펼치고 자신만의 월드를 만들 기회를 제공합니다. 메타버스 플랫폼인 마인크래프트에 들어가면 자신이 맵을 만들고 친구들을 초대할 수 있습니다. 제 아들과 딸은 마인크래프트를 통해 친구들이 만든 월드에서 함께 플레이한 경험을 아직도 얘기합니다. 메타버스에서의 다양한 경험은 미래를 살아갈 아이들에게 중요한 자양분이 될 것입니다.

디지털 지구에서는 아이디어만 있으면 다양한 활동이 가능합니다. 그림을 그리거나 음악을 만들거나 스토리를 짓거나 웹툰을 그려볼 수도 있습니다. 아이의 생산적인 활동을 포트폴리오로 만든다면 정말 멋진 추억거리가 될 것입니다.

메타버스로
프로슈머 되기

이 책은 메타버스에 대해서 알고 싶고 메타버스 시대에 아이들을 어떻게 양육해야 하는지에 대한 저의 견해를 담고 있습니다. 부모로서 두 아이를 양육하면서 겪었던 에피소드에 도전하시려면 이 책을 읽고 있는 부모님 먼저 프로슈머가 되셔야 합니다. 그러기 위해서는 아이들이 사용하는 디지털 창작 도구와 메타버스를 한 번쯤 직접 경험해 보시기를 추천해 드립니다. 지금부터는 디지털 창작 도구와 간단한 메타버스 도구를 사용하는 방법을 안내해 드리겠습니다.

1) 스크래치

이 책 전반에 걸쳐 소개한 스크래치는 현재 전 세계 200여 개 나라와 지역에서 사용되고 있는 대표적인 플랫폼으로 다음과 같은 세 가지 교육철학으로 만들었다고 합니다.

낮은 문턱: 어린아이부터 어른에 이르기까지 누구나 쉽게 자신의 아이디어를 디지털 창작물로 만들게 도와줍니다.

넓은 벽: 스토리와 게임, 시뮬레이션, 예술작품 등 다양한 장르의 디지털 창작물을 만들 수 있습니다.

높은 천장: 스크래치의 세계에 들어오면 초보자의 낮은 수준부터 전문 개발자의 높은 수준까지 여러 수준의 디지털 창작물을 개발하도록 지원합니다. 실제로 전문 개발자들도 자신의 작품을 만들고 공유하고 있습니다.

이런 철학을 바탕으로 만들어졌기에 누구나 쉽고 재미있게 자신만의 작품을 만들 수 있습니다. 스크래치는 8~16세 아이들에게 권장하고 더 어린아이들의 경우 스크래치 주니어(패드 버전)를 활용할 수 있습니다. 스크래치 주니어는 아이패드나 갤럭시 탭 같은 기기에서 사용할 수 있습니다. 앱스토어나 플레이스토어에서 다운받아 사용할 수 있습니다.

먼저 스크래치를 살펴보겠습니다. 아래의 순서대로 따라 해 보세요.

① 스크래치 사이트에 접속합니다. https://scratch.mit.edu/

② 스크래치 소개, 부모 메뉴를 클릭해서 스크래치가 어떤 도구인지 살펴봅니다.

③ 아이들과 스크래치 작품을 공유하고 서로 피드백을 주려면 회원으로 가입하는 게 좋습니다. 위쪽 상단에 '스크래치 가입'을 누르면 회원가입할 수 있게 되어있습니다.

④ 정보를 입력하고 나면 이메일을 입력합니다. 평소에 사용하는 이메일을 입력하고 계정 만들기를 하면 이메일로 활성화하라는 메일이 옵니다. 자신의 메일함에서 스크래치 계정을 활성화하면 스크래치를 사용할 준비가 됩니다.

⑤ 회원가입을 하지 않고 간단하게 맛보려면 왼쪽 상단에 '만들기' 메뉴를 누르면 됩니다. 하단에 있는 '튜토리얼'을 보면서 만드는 방법을 배울 수도 있습니다.

⑥ 오프라인 버전을 설치할 수도 있습니다. https://scratch.mit.edu/download

⑦ 혹시 편집화면이 영어로 되어있다면, 지구본 메뉴를 눌러서 한국어로 바꾸면 모든 메뉴와 블록이 한국어로 다시 세

팅됩니다.

⑧ 부모님들이 당장 무언가 만들기 힘들다면 '탐험하기' 메뉴를 클릭해서 여러 작품을 실행해 보시기 바랍니다.

⑨ 스크래치는 화면의 '녹색 깃발'을 누르면 실행할 수 있습니다. 실행이 끝난 다음 다시 실행하려면 제목 밑에 있는 버튼이 실행과 멈춤 버튼입니다.

이렇게 스크래치를 둘러보시면 아이들이 어떤 생각을 가지고 어떤 디지털 작품을 만드는지 이해하시게 될 것입니다. 작품을 보면 '사용방법'과 '참고사항 및 참여자'가 있습니다. 이 부분이 중요한데 아이들은 이 부분에 자신이 만든 작품의 목적과 아이디어, 사용법을 기록하면서 자신의 작품에 의미를 부여하게 됩니다. 이후에 스크래치 작품을 만드는 방법은 '아이디어' 메뉴에 가시면 튜토리얼이 준비되어 있고, 서점에 가시면 수십 종의 책이 출판되어 있습니다. 아이와 함께 서점에 가서 맘에 드는 책을 골라서 도전해 보시기를 권합니다.

2) 엔트리

엔트리는 우리나라에서 만든 디지털 창작 도구로 2015년 개정교육과정에서 소프트웨어 교육이 필수화되면서 초등학교 교과서에 실리기까지 했습니다. 전체 구성이나 메뉴는 스크래치와 비슷하지만 우리나라 정서에 맞는 캐릭터와 학교에서의 활발한 사용으로 현장에서 널리 활용되고 있습니다. 엔트리 이용방법은 다음과 같습니다.

① 엔트리 사이트에 접속합니다. https://playentry.org/

② 엔트리가 스크래치에 비해 한 가지 편리한 점은 네이버 아이디로도 로그인할 수 있다는 점입니다.

③ 엔트리는 '생각하기' '만들기' '공유하기' '커뮤니티'의 메뉴가 있는데, 생각하기를 눌러보면 학습하기 콘텐츠에 접근할 수 있습니다. 엔트리봇 미션을 수행하면서 간단한 작품을 만드는 법이나 블록 코딩의 내용을 수준별로 학습할 수 있습니다.

④ 엔트리 '만들기'에서 '작품만들기'에 들어가면 간단한 설명과 함께 직접 작품을 만들 수 있습니다.

⑤ 엔트리도 만든 작품을 다른 사람과 공유할 수 있습니다.

요즘 엔트리 사용자들이 재미있는 문화를 만들어 가고 있는데 '엔트리 라이프'에 가보면 시기에 맞는 주제들이 올라옵니다. 아이들은 자신들이 배운 코딩으로 부모님께 디지털 카드를 선물하기도 합니다. 스크래치와 엔트리는 모두 디지털 세계에서 아이들만의 건전하고 생산적인 문화를 만들어 가고 있습니다. 아이들이 디지털 세계에서 수동적인 소비자가 아니라 능동적인 창작자가 되기를 원하신다면 스크래치나 엔트리를 함께 배워보시기를 권합니다.

3) 제페토

제페토는 우리나라 네이버에서 만든 대표적인 메타버스 플랫폼입니다. 구글 플레이스토어나 애플 앱스토어에서 '제페토'를 검색하여 스마트폰에 쉽게 설치할 수 있습니다. 제페토 이용방법은 다음과 같습니다.

① 앱을 설치하고 들어가면 아바타를 세팅하는 부분이 나옵니다. 기본으로 제공하는 옷과 액세서리를 착용하여 아바타 세팅을 완료하면 됩니다.

② 처음 입장하면 카메라로 사진을 찍어 올려서 캐릭터를 생성할 수 있습니다.

③ 처음에 입장하면 옷을 살 수 있는 코인이 없으므로 기본적인 것만 세팅할 수 있습니다. 매일 출석하고 간단한 미션 등을 수행해서 코인을 얻을 수 있습니다. 코인을 획득하면 아이템을 사서 캐릭터를 꾸밀 수 있습니다.

④ 실시간 추천 월드에 입장해 보거나 인기 월드에 접속해서 여기저기 둘러보시면 됩니다. 왼쪽 하단의 원형 컨트롤러

로 앞뒤 좌우로 움직이고, 오른쪽 하단의 화살표로 점프할
수 있습니다.

⑤ 화면을 터치하여 각도를 변경하거나 확대, 축소할 수 있습니다. 화면 하단의 아이콘은 클릭해보면 어떤 기능인지 금방 이해하실 수 있습니다.

⑥ 간단한 조작법을 익혔으면 맘에 드는 월드에 접속해서 여기저기를 둘러보시기 바랍니다.

⑦ 아이들과 같은 월드에 접속해서 게임도 할 수 있습니다. 가끔씩 제페토에 접속해 보고 최신 월드에 접속해 보는 것만으로도 아이들과 이야기 할 수 있는 소재가 생깁니다.

⑧ 제페토는 자신만의 월드를 제작할 수도 있습니다. 제페토 스튜디오를 설치하고 월드를 개발해서 등록할 수 있습니다. https://studio.zepeto.me/

4) 로블록스

로블록스는 글로벌 플랫폼이어서 사용자들이 만들어 놓은 월드가 대부분 영어로 되어있습니다. 설치와 아바타 세팅은 제페토와 비슷합니다. 구글 플레이스토어나 애플 앱스토어에 들어가서 '로블록스'를 검색하여 쉽게 설치할 수 있습니다. 제페토와 마찬가지로 회원가입하고 아바타를 세팅하면 됩니다.

① 앱을 설치하고 들어가면 아바타를 세팅하는 부분이 나옵니다. 로블록스에서는 로벅스라는 화폐를 사용하는데, 현실세계의 돈을 주고 구매할 수 있습니다. 아이와 함께할 때는 함부로 로벅스를 구매하지 않도록 지도하는 것이 필요합니다.

② 제페토와 비슷하게 여러 월드가 있는데, 제페토와 비교해서 개인 사용자들이 만들어 놓은 월드가 더 많습니다. 월드 아래 추천 퍼센트나 사용자 수를 참고해서 입장하는 것이 좋습니다.

③ 조작법은 제페토와 비슷합니다. 왼쪽 부분을 터치해서 움직이면 컨트롤러가 작동하고 오른쪽은 방향전환, 각도조절이 가능합니다. 여러 아이콘은 창작자가 만들어 놓은 것에 따라 다양한 기능이 제공됩니다. 게임을 시작하기 전에 제공하는 설명서를 확인하고 플레이하기를 권합니다.

④ 로블록스도 스튜디오를 다운받고 설치해서 누구나 손쉽게 월드를 제작할 수 있습니다. https://www.roblox.com/create

⑤ 설치 후 로블록스 스튜디오를 실행시키면 템플릿을 선택할 수도 있고 자신만의 월드를 만들 수도 있습니다. 아이와 함께 월드를 만들어 보는 것도 재미있는 경험이 될 것입니다.

요즘은 제페토나 로블록스 스튜디오로 월드를 만드는 제작법을 알려주는 도서들도 시중에 출판되어 있습니다. 관심 있으신

부모님들은 도서를 구입해서 아이와 함께 도전해 볼 수도 있습니다. 명심하세요. 어설픈 오늘의 첫 발걸음이 내일의 새로운 세상을 만드는 도전이 된다는 사실을요.

디지털 네이티브, 자녀에게 배우기

저는 컴퓨터교육 전공자이기 때문에 앞서 설명한 '컴퓨팅 사고력'을 학생들에게 가르치는 일을 하지만, 디지털 리터러시 차원에서 디지털 도구를 활용하는 방법도 가르칩니다. 일반적으로 'ICT 활용'이라는 용어로 많이 알려진 분야입니다. ICT 활용에서는 디지털 도구(기기나 소프트웨어, 앱 등)를 선택할 때 사용하고자 하는 목적을 먼저 살펴보고 목적에 맞는 도구를 선택하는 것이 필요합니다. 매 학기 ICT 활용에 대한 강의를 준비할 때면 이전 학기에 사용했던 앱이 사라지거나 정책이 바뀌어서 사용할 수 없는 상황이 벌어지기도 합니다. 컴퓨터 기술이 나날이 발전하고 있어서 하루에도 수많은 앱이 생겼다 사라지기 때문에 발생하는 문제입니다.

제가 컴퓨터교육을 전공했다고 하면 사람들은 세상의 모든 컴퓨터와 소프트웨어를 다 아는 것처럼 생각하고 저도 모르는 앱에 대해서 질문하는 때도 있습니다.

"교수님, ○○앱 써보셨어요?"

이렇게 훅 들어오는 질문을 받게 되면 저도 당황하곤 합니다. 저처럼 산업시대의 교육을 받은 사람들은 자신의 전문영역이라고 생각하는 부분에서 질문을 받을 때 제대로 대답하지 못하면 자신의 권위가 실추된다고 생각하는 경우가 많습니다. 이런 마음은 부모님들도 비슷하리라 생각합니다. 아이가 무언가 물어오면 어른으로서 답을 해주어야 부모의 권위가 선다고 생각하게 됩니다. 그런데 경험해 보신 것처럼 그게 그렇게 말처럼 쉽던가요? 요즘 아이들은 더 이상 부모나 어른에게서 답을 구하지 않습니다. '네박사(네이버 지식인)'에게 물어보면 3초면 답을 주는 시대에 살고 있으니까요. 그래서 이제는 누군가 제게 모르는 앱에 대해서 물어올 때면 이렇게 답합니다.

"○○앱이요? 저는 처음 듣는데, 어디에 어떻게 사용하는 앱인가요?"

그러면 자연스럽게 앱에 대한 설명과 활용방법에 관한 이야기로 이어지게 됩니다. 제가 이렇게 마음을 내려놓게 된 데에는 시모어 패퍼트(Seymour Papert) 교수의 『마인드스톰』을 읽고 나서

입니다. 패퍼트는 교실에서 일어나는 상황을 소개하면서 선생님의 자세에 대해 다음과 같이 조언합니다.[96]

> "다음 날 아침, 디버깅이 안 된 프로그램을 교사와 아이들이 함께 디버깅했다. 교사와 한 어린이가 로고 거북이가 알파벳 'R'을 그리는 것을 지켜봤다. 그러나 알파벳 'R'에서 비스듬한 경사가 잘못 그려졌다. 어디에 버그가 있는 걸까? 교사와 함께 해결책을 고민하던 아이가 말했다. '저걸 어떻게 고쳐야 할지 정말 모르신다는 말씀이세요?' 아이는 아직 어떻게 말해야 할지 잘 몰랐지만, 그 아이는 자기와 교사가 함께 과제를 수행하고 있다는 것을 새롭게 깨달았다. 이 사건은 우리에게 시사점을 던져준다. 이 아이는 교사가 '우리 함께 이걸 해보자'라며 제안하는 게임에 참여하기는 하지만 언제나 교사와 학생의 협업이 가상의 일이라고 생각했다. 새로운 것을 발견하는 일은 계획을 세워 진행할 수 있는 것이 아니며 계획대로 발명이 이뤄질 수도 없다."[97]

패퍼트의 제자인 레스닉 교수도 비슷한 견해를 제시합니다. 레스닉 교수는 훌륭한 선생님과 훌륭한 멘토란 촉매자와 컨설턴트, 연결자, 협력자의 역할을 물 흐르듯이 해내는 사람이라고 말하는데요. 이때 '컨설턴트'를 비슷한 맥락으로 설명합니다.

> "선생님은 '무대 위의 현자'가 아니라 '곁에 있는 안내자'여야 한다는 속담이 있다. 클럽하우스 멘토들은 안내자 또는 컨설턴트로서 다양한 역할을 해야 한다. … (중략)… 어떤 경우든, 가르침의 목표란 '지식 전달'이나 '해답 제공'이 아니라, 클럽하우스 회원들이 무엇을 하려는지 이해하고 이를 지원하는 최선의 방법을 찾아주는 것이다."[98]

요즘 아이들은 부모세대보다 메타버스에 익숙합니다. 디지털 환경에서 자신에게 필요한 디지털 도구를 검색해서 찾고, 활용하는 것에 익숙합니다. 당연히 컴퓨터교육 박사인 저도 아이들에게 배울 때가 종종 있습니다. 무대 위의 현자가 아니라 옆에서 함께 하며 가르쳐 주고 배우는 동료의 입장이 되는 것입니다.

딸과 둘만의 여행에서 겪었던 일입니다. 저는 두 아이를 양육하면서 사춘기를 극복하는 방법으로 '둘만의 여행 떠나기'를 적용했습니다. 다른 집도 비슷한 것 같은데, 제 아이들도 엄마와의 애착 관계는 잘 형성되어 있는데 아빠와의 관계는 왜 그런지 어렵고 서먹한 부분이 있었습니다. 정말 감사하게도 아들과는 코로나

19가 시작되기 이전에 두 번 정도 여행을 다녀오면서 관계가 회복되었습니다. 딸은 중학교 3학년 정도에 사춘기가 심해졌는데, 코로나19로 둘만의 여행을 갈 시기를 놓치게 되었습니다. 당시 저도 학교 일로 바빴기 때문에 딸과의 관계에 시간을 투자하기 힘들었습니다. 어느 순간부터 딸과 대화하기가 힘들어졌습니다. 점점 마음이 닫혀가는 아이를 바라보면서 더 이상 늦으면 정말 후회할 일이 생기겠다 싶었습니다. 그래서 코로나19가 잠시 느슨해진 시기에 정말 어렵게 둘만의 여행을 떠나게 되었습니다. 당시 백신을 접종하고 방역수칙을 철저히 지키면서 활동하는 것은 허용하던 시기였는데, 딸과 제주도로 둘만의 여행을 떠나기로 한 거죠. 아이들과 여행을 떠날 때는 몇 가지 계획을 세우고 가는데 이번 여행에서는 '감정 찾기'와 '관계 회복'에 초점을 두었습니다.

바로 이 여행에서 디지털 네이티브인 딸에게 컴퓨터교육 박사인 제가 배우는 사건이 발생했습니다. 1박 2일 짧은 여행이라 딸이 하고 싶은 일을 적어보라고 했더니, 뒹굴뒹굴하기, 맛난 거 먹기, 인형 뽑기 하기를 제게 내밀었습니다. 보통 제주도를 가면 여러 명소를 둘러보는 게 관례인데, 역시 MZ세대는 다른가 봅니다. 비행기 타고 제주도까지 가서 그냥 쉬다 오고 싶다고 합니다. 아이의 요청을 최대한 들어주자고 마음을 먹고 여러 군데 다니기보다는 아이와 먹고 자고 하면서 많이 이야기하자고 마음을 먹었습니다.

첫째 날 저녁을 먹으러 가는 길인데 아이에게 먹고 싶은 음식과 음식점을 검색해서 알려달라고 했습니다. 딸은 여기저기 검색해 보더니 두 군데 음식점을 제안했는데, 막상 가보니 한 곳은 코로나로 문을 닫았고, 다른 곳도 야간에만 영업하는 곳이어서 식사를 할 수 없는 상황이 되었습니다. 우여곡절 끝에 제주에서 유명한 야시장에서 먹거리를 사서 숙소에서 끼니를 해결할 수 있었습니다. 이렇게 저녁 시간에 제주 시내를 돌아다니던 중 길가에 서 있는 자전거를 보게 되었는데, 공용으로 사용할 수 있는 전동자전거였습니다. 딸은 자전거를 보더니 타고 싶다 했고, 자전거를 살펴보더니 큐알코드가 붙어있는 것을 보고 사진을 찍었습니다. 저녁에 숙소에 돌아와서 큐알코드로 앱스토어에 접속하여 '일레클'이라는 앱을 깔고 내일 자전거를 타보기로 했습니다. 보통 이런 앱은 처음 사용자에게 쿠폰을 발행해 줍니다. 딸은 앱을 깔고 회원가입을 하더니 쿠폰을 발행받고 나에게도 쿠폰을 받으라고 말해줍니다. 저도 쿠폰을 발행받고 내일 라이딩을 위한 준비를 마쳤습니다. 역시 디지털 네이티브는 다르다고 생각하게 되었습니다.

문제는 다음날 벌어졌습니다. 아침에 일어나 식사를 하고 라이딩을 가려고 나섰습니다. 일레클 앱에서는 현재 사용할 수 있는 자전거의 위치와 자전거의 충전 정도를 지도에 보여줍니다. 빨간색 도로가 자전거를 반납할 수 있는 구역이어서 다른 사용자들이 구역 내에 반납한 자전거들이 보이고, 충전 정도도 녹색으로 표시가 됩니다. 우리는 숙소와 최대한 가까운 곳에 있는 자전거 두 대를 찾아서 이동하게 되었습니다. 이렇게 현실세계의 모습을 디지털 세계로 옮겨 놓은 '거울세계'를 활용해서 서비스가 구현된 것을 보니 메타버스가 일상생활에도 이용되고 있다는 사실을 실감하게 되었습니다. 자전거 두 대를 찾아서 타려고 하니, 결제수단을 등록하라고 합니다. 저는 디지털 리터러시를 가르치지만 아날로그의 낭만도 추구하는 편이라 결제수단을 등록하는 것을 좋아하지 않는데, 딸은 벌써 자신의 체크카드를 등록하고 빨리 타자고 재촉합니다. 딸의 흥을 깨지 않으려고 부랴부랴 카드를 등록하고 타려고 하는데, 이번에는 락(lock)이 풀리지 않는 것이었습니다. 딸은 앱에 들어가서 이리저리 살펴보더니 뒷바퀴 부분의 락 해제 방법을 찾아내었습니다.

새로운 환경에서 새로운 도구를 만나면 누구나 당황하기 마련입니다. 아날로그 환경에서는 어른들이 경험이 많고 노하우도 풍부하지만, 디지털 환경에서는 디지털 네이티브가 더 잘하는 일이 있을 수 있습니다. 저와 같은 이런 일이 있을 때 당황하지 마시고, "그럼 함께 생각해 볼까?" "함께 찾아볼까?"라고 아이에게 제안하고 함께 머리를 맞대어 해결하시면 됩니다. 서로가 잘 할 수 있는 부분에서 서로를 인정하고 존중한다면 아이도 부모님과 함께하는 활동이 자연스러워지고 서로에게 도움이 될 수 있다는 사실에 뿌듯함도 느끼게 될 것입니다.

딸은 초등학교 이후에 자전거를 타보지 않아서 잘 탈 수 있을까 고민했는데 막상 타보니 잘 굴러가서 기뻤다고 합니다. 처음 출발할 때 약간 불안해서 길잡이를 해주었는데 금방 적응하고 잘 타게 되어서 제주도의 바닷바람을 만끽하면서 함께 라이딩도 하고 추억을 쌓았습니다. 딸은 제주도 여행에서 가장 좋았던 순간을 아빠와 함께 라이딩한 순간이라고 말하곤 합니다.

메타버스가 일상화되면 이렇게 아날로그와 디지털을 넘나드는 환경이 더 많아질 것입니다. 디지털 세계가 익숙하지 않더라도 두려워하지 말고 디지털 네이티브인 아이에게 배우기를 요청하여 함께 힘을 모아 문제를 해결하는 '동료'가 되어보시기를 권합니다.

존중하고, 기다리며 도전하게

모든 부모의 바람은 자녀가 행복해지는 것이라고 봅니다. 아이가 행복해지는 데에는 아날로그 세상과 디지털 세상이 크게 다르지 않다고 생각합니다. 다만 디지털 지구인 메타버스에서는 디지털의 특성을 이해하고 살아가야 하기 때문에 디지털 리터러시가 기본적으로 필요할 뿐이죠. 메타버스 시대에도 자녀가 행복하게 지내기를 원한다면 무엇보다 먼저 메타버스를 경험해 보기를 권하고 싶습니다. 자녀와 함께 메타버스를 체험해 보고 경험에 대한 이야기를 나누고 어떻게 활용할 것인가 대책을 세워보시기를 권합니다.

무언가에 대한 막연한 기대와 두려움은 무언가를 잘 모를 때 생깁니다. 메타버스에 대한 막연한 기대나 두려움이 있다면 지금 당장 자녀와 함께 경험해 보는게 필요합니다. 제페토나 이프랜드, 로블록스 같은 메타버스를 사용보고 자녀의 미래를 상상해보세요. 「레디 플레이어 원」 같은 영화를 보고 미래사회를 예측해보세요.「프리 가이」같은 영화를 보고 자녀와 함께 즐거운 대화를 이어가 보세요.

메타버스 시대에도 자녀에게 필요한 역량은 삶에 대한 주체성, 더 나은 세상을 만들기 위한 시도, 자신의 말과 행동에 책임지는 인성과 같은 것입니다. 이 책에서 제시한 여러 방법은 저의 개인적인 경험에서 비롯된 것이 많지만 저와 같지 않은 부모님들도 충분히 실생활에서 시도할 수 있는 것들입니다. 메타버스 시대를 고민하는 부모님들께 이 책의 내용이 조금이나마 도움이 되었으면 하는 바람입니다.

혹자는 세상에서 가장 어려운 일이 '부모가 되는 것'이라고 하는데, 이렇게 급변하는 세상에서 부모의 역할을 잘 해내기란 정말 어려운 미션이라는 사실에 적극 동의합니다. 저에게 누군가 부모 역할 미션을 성공했냐고 묻는다면 '성공은 모르겠고 노력은 한다.'라고 답할 수밖에 없을 것 같습니다.

이 책을 이렇게 마무리하면서 메타버스 시대의 부모에게 필요한 덕목으로 다음의 세 가지를 제안하며 저도 지켜보리라 다짐하고 싶습니다.

존중

인내

도전

자녀를 하나의 인격체로 존중해 주고, 마음에 들지 않더라도 참아주고 기다려 주며, 행복할 수 있는 일을 찾도록 함께 시도해 보고 도전하는 부모가 되기를 소망합니다. 메타버스 시대에도 부모와 자녀의 관계는 변하지 않을 것입니다. 이쯤에서 제가 가장 좋아하는 컴퓨터 교육자인 패퍼트의 이야기로 마무리하려고 합니다.

"교육자는 반드시 인류학자가 되어야 한다. 인류학자로서의 교육자는 어떤 문화적 재료가 지적 발달과 관련이 있는지 알려고 노력해야 한다. 그런 다음 교육자는 문화에 어떤 흐름이 일고 있는지 알아야 한다."

이제 새로운 문화의 흐름인 '메타버스' 시대가 열리고 있습니다. 우리 함께 메타버스가 자녀의 교육과 미래에 어떤 영향을 미칠지 함께 지켜보고 대비하는 '인류학자'가 되어봅시다!

미주

1   김남영, "BTS, 온라인 콘서트로 500억 벌어...메타버스 열풍 계속된다", 한국경제신문, 2011년 11월 11일, https://www.hankyung.com/society/article/2021111130651

2   김상균. (2020). 『메타버스』, 플랜비디자인.

3   윤영주, "가상세계서 공부하고 즐겨요...'메타버스' 올라탄 대학들", Ai타임즈, 2021년 12월 27일, http://www.aitimes.com/news/articleView.html?idxno=142031

4   김상균. (2020). 『메타버스 II』, 플랜비디자인: Wang et al.(2019)의 연구 재인용

5   고선영 외. (2021). 메타버스의 개념과 발전 방향, 정보처리학회지, 28(1), 7-16.

6   Michelle Shen, "Sexual harassment in the metaverse? Woman alleges rape in virtual world", USATODAY, 2022년 2월 1일, https://www.usatoday.com/story/tech/2022/01/31/woman-allegedly-groped- metaverse/9278578002

7   김상균. (2020). 『메타버스 II』, 플랜비디자인.

8   장 보드리야르. (2012). 『시뮬라시옹』, 하태환 역, 민음사.

9   한국교육학술정보원. (2021). 메타버스(Metaverse)의 교육적 활용: 가능성과 한계, 2021 KERIS 이슈리포터, 연구자료 RM 2021-6.

10 교육부. (2020). 인공지능시대 교육정책방향과 핵심과제, https://www.korea.kr/archive/expDocView.do?docId=39237

11 김수환, 김성훈, 이민정, 김현철. (2020). K-12 학생 및 교사를 위한 인공지능 교육에 대한 고찰, 컴퓨터교육학회, 23(4), 1-11.

12 김진형. (2020). 『AI 최강의 수업』, 매일경제신문사.

13 이진한, "가상인간 '로지' 가수로 데뷔한다", 매일경제, 2022년 2월 15일, https://www.mk.co.kr/news/it/view/2022/02/143175/

14 이제영, "블록체인이 제공할 '가치의 인터넷'", 나라경제, 2017년 9월, https://eiec.kdi.re.kr/publish/naraView.do?cidx=11200

15 박영숙, 제롬 글랜. (2021). 『세계미래보고서 2022: 메타 사피엔스가 온다』. 비즈니스북스.

16 박종오, "'메타버시안' 되시렵니까...CES 2022의 3대 화두는?", 한겨레, 2022년 1월 5일, https://www.hani.co.kr/arti/economy/marketing/1026084.html

17 뉴스종합, "취업도 '비대면 시대'...대학가, 메타버스 채용박람회 연다", 헤럴드경제, 2022년 3월 6일, http://mbiz.heraldcorp.com/view.php?ud=20220305000157

18 SKKU AI + Metaverse Exhibition, https://sites.google.com/g.skku.edu/meta-x-ai-skku/main-page

19 박영숙, 제롬 글랜. (2021). 『세계미래보고서 2022: 메타 사피엔스가 온다』, 비즈니스북스, 63-65.

20 김재인. (2020). 『뉴노멀의 철학』, 동아시아.

21 Frey, C. B. & Osborne, M. A. (2013). "THE FUTURE OF EMPLOYMENT : HOW SUSCEPTIBLE ARE JOBS TO COMPUTERISATION?", Oxford Martin Programme on Technology and Employment. http://www.oxfordmartin.ox.ac.uk/downloads/ academic/The_Future_of_Employment.pdf

22 Mckinsey. (2021). The Future of Work after COVID-19, Mckinsey Global Institute. https://www.mckinsey.com/featured-insights/future-of-work/the-future-of-work-after-covid-19

23 배규식, "디지털 전환과 노동", 디지털정책연구소, 2021년 10월 12일, https://spri.kr/posts/view/23314?code=data_all&study_type =industry_trend

24 새뮤얼 아브스만. (2014).『지식의 반감기』, 이창희 역, 책읽는수요일.

25 유발 하라리, 제러드 다이아몬드, 닉 보스트롬, 린다 그래튼 외. (2019).『초예측』, 정현옥 역, 웅진지식하우스.

26 전시현, "메타버스 각광받을 직업 BEST 8", 블록체인어스(BLOCKCHAINUS), 2021년 9월 1일, https://www.blockchainus.co.kr/news/articleView.html?idxno=1928

27 최성희, "시대가 변하면 인재상도 변한다?", 월간 리크루트, 2019년 4월 25일, http://www.hkrecruit.co.kr/news/articleView.html?idxno=15666

28 황민규, "구글 인사책임자가 말하는 '구글러'의 조건은?", 조선비즈, 2019년 5월 7일, https://biz.chosun.com/site/data/html_dir/2019/05/07/2019050700973.html

29 스크래치 홈페이지, https://scratch.mit.edu/studios/475470

30 Haley Velasco. (2017). "Who is Gen Z? How teens are consuming content", The Drum, 2017년 12월 27일, https://www.thedrum.com/news/2017/12/27/who-gen- z-how-teens-are-consuming-content

31 크리테오. (2019).『Z세대 보고서』, 크리테오 쇼퍼 스토리 연구 결과. https://www.criteo.com/kr/wp-content/uploads/sites/7/2018/08/18_GenZ_Report-KR.pdf

32 Deloitte Insights. (2021). 딜로이트 글로벌 2021 MZ세대 서베이: 책임과 행동을 촉구하는 목소리, Deloitte.

33 서울연구원. (2021). 알파세대 탐구생활, 카드뉴스 제16호, https://www.si.re.kr/node/65298

34 부산광역시교육청. (2021).『교육에서의 메타버스, MIE』, https://webdisk.busanedu.net:5991/api.link/3d_baL8AHLzeReMK-w~~.pdf

35 고선영, 정한균, 김종인, 신용태. (2021). 메타버스의 개념과 발전 방향, 정보처리학회지, 28(1), 7-16.

36 김수향, 문미경. (2021).『메타버스와 미래교육 학습자 정체성 연구』, 이슈페이퍼 2021-9, 경기도교육연구원.

37 OECD. (2018). The Future We Want. The Future of Education and Skills: Education 2030, https://www.oecd.org/education/2030/E2030%20Position%20Paper%20(05.04.2018).pdf

38 존 카우치, 제이슨 타운. (2020).『교실이 없는 시대가 온다』, 김영선 역, 어크로스.

39 https://miro.com/blog/6-cs-of-education-classroom/

40 문보경, 김명희, "미래교육 디지털전환 'K-에듀통합플랫폼' 밑그림 나왔다", 전자신문etnews, 2021, 7월 21일, https://www.etnews.com/20210721000182

41 교육부. (2020). 초·중등학교 교육과정 일부 개정 고시, 교육부고시 제2020-236호.

42 교육부. (2021). 2022 개정 교육과정 총론 주요사항(시안), 2021년 11월 24일 보도자료.

43 교육부. (2020). 인공지능시대 교육정책방향과 핵심과제, 2020년 11월 20일 보도자료.

44 한국과학창의재단. (2019). 글로벌 SW교육 컨퍼런스 이슈페이퍼, 한국정보과학교육연합회.

45 김갑수 외. (2020). 차세대 소프트웨어(SW)교육 표준 모델 개발, 정보교육학회논문지, 24(4), 337-367.

46 https://ai4k12.org/

47 김수환 , 김성훈 , 이민정, 김현철. (2020). K-12 학생 및 교사를 위한 인공지능 교육에 대한 고찰, 컴퓨터교육학회 논문지, 23(4), 1-11.

48 정지훈. (2021). 『AI 101, 인공지능 비즈니스의 모든 것』, 틔움출판.

49 이건한, "국내 첫 AI와 변호사의 대결, '협업지능'의 미래를 확인한다", 테크월드뉴스, 2019년 8월 26일, https://www.epnc.co.kr/news/articleView.html?idxno=91782

50 이유미. (2020). 기술 발전에 따른 리터러시 변화 연구, 용봉인문논총 57집, 183-213.

51 폴 길스터. (1999). 『디지털 리터러시』, 김정래 역, 해냄.

52 김수환 외. (2017). 디지털 리터러시의 교육과정 적용 방안 연구. 한국교육학술정보원. 연구보고 KR 2017-4

53 전종호, 이철현, 이영민, 이남철, 오관택. (2019). 4차 산업혁명 시대에 대비한 직업계고 디지털역량 교육 연구. 한국직업능력개발원, 기본연구2019-28

54 김혜지 외. (2020). 전 국민 디지털역량강화 교육을 위한 역량별·수준별 교육과정 개발. 한국지능정보사회진흥원(NIA).

55 교육부. (2021). 2022 개정 교육과정 총론 주요사항(시안). 2021.11.24. 발표

56 박상욱 외. (2018). 국제 컴퓨터·정보 소양 연구: ICILS 2018 결과 분석, 한국교육과정평가원.

57 로버트 풀검. (2018). 『내가 정말 알아야 할 모든 것은 유치원에서 배웠다』, 최정인 역, 알에이치코리아.

58 UNESCO & UNESCO Institute for Statistics. (2018). A Global Framework of reference on Digital Literacy skills for indicator 4.4.2, UNESCO Institute for Statistics.

59 What Would You Do?, "Child Predator Finds A Target : PART 2", https://www.youtube.com/watch?v=HQSffxT18nc

60 윤성혜, 장지은, 임현진, 임지영. (2019). 『미래교육 인사이트』, 지식과감성.

61 대한민국정부. (2022). 메타버스 신산업 선도전략, 대한민국정책브리핑 2022년 1월 20일 발표.

62 박기범. (2014). 디지털 시대의 시민성 탐색, 한국초등교육, 25(4), 33-46.

63 교육부. (2015). 2015개정 정보 교육과정, 교육부 고시 제2015-74호.

64 미첼 레스닉. (2018). 『평생유치원』, 최두환 역, 다산사이언스. 86쪽

65 조향숙. (2021). 『AI 세대에게 딱 맞는 자녀 교육을 세팅하라』, 더메이커.

66 백윤수 외. (2012). 융합인재교육(STEAM) 실행방향 정립을 위한 기초연구, 한국과학창의재단.

67 Vasquez, J. A., Sneider, C. & Comer, M. (2013). STEAM Lesson Essentials, Grades 3-8, Heinemann, Portsmouth, NH.

68 에드워드 윌슨. (2005). 『통섭: 지식의 대통합』, 최재천, 장대익 역, 사이언스북스.

69 박현주 외. (2019). 융합교육 종합계획 수립을 위한 기초연구 최종 보고서, 한국과학창의재단.

70 김은주, "유아기의 적절한 스크린 타임", 콜로라도타임즈, 2020년 8월 5일, https://www.coloradotimesnews.com/유아기의-적절한-스크린-타임/

71 토머스 고든. (2021). 『부모 역할 훈련』, 홍한별 역, 양철북.

72 클라우스 슈밥. (2016). 『제4차 산업혁명』, 송경진 역, 메가스터디북스.

73 위키백과 https://en.wikipedia.org/wiki/Novelty_effect

74 이찬승. (2021). "학습과학의 이해와 적용(4) – <원리 3> 작업기억의 용량과 주의력에는 한계가 있어, 너무 많은 정보가 일시에 주어지면 인지과부하가 일어나 이해에 실패한다." https://21erick.org/column/5743/

75 매슈 커츠. (2018). 『맥락 지능』, 박수철 역, 현암사.

76 김윤정. (2021). 『EBS 당신의 문해력』, EBS Books.

77 키르스티 론카. (2020). 『핀란드 교육에서 미래 교육의 답을 찾다』, 이동국 외 역, 테크빌교육.

78 정지훈, "미래에 대처하는 법: 불확실성을 즐겨라", 한국일보, 2015년 5월 7일. https://www.hankookilbo.com/News/Read/201505071157072783

79 허미담, "'돈보다 여가'...MZ세대 입사 1년도 안 돼 퇴사하는 이유", 아시아경제, 2021년 11월 20일, https://www.asiae.co.kr/article/2021111815130369960

80 이민석 블로그, "꿈의학교 학생들에게, 꿈에 대하여", https://hl1itj.tistory.com/232?category=327157

81 말콤 글래드웰. (2009). 『아웃라이어』, 노정태 역, 김영사.

82 이지원, "깊은 관계는 싫어! 밀레니얼 세대의 외로움? '살롱문화'로 해결!", 데일리팝, 2020년 1월 14일, https://www.dailypop.kr/news/articleView.html?idxno=43008

83 조지 보나노. (2010). 『슬픔 뒤에 오는 것들』, 박경선 역, 초록물고기.

84 Cicchetti, D. & Garmezy, N.(1993), "Prospects and promises in the study of resilience." Development and psychopathology 5, no.4, 497-502.

85 김주환. (2011). 『회복탄력성』, 위즈덤하우스.

86 요한 하위징아. (2018). 『호모 루덴스』, 이종인 역, 연암서가.

87 로제 카이와. (2018). 『놀이와 인간』, 이상률 역, 문예출판사.

88 정재엽, 박형성, 안세희. (2020). 학생들의 게임 과몰입 실태 및 게임 리터러시 교육방안 연구, 경기도교육연구원.

89 김경희 외. (2018). 『디지털 미디어 리터러시』, 한울아카데미.

90 최정혜 외. (2020). 『게임은 게임이다』, 한국콘텐츠진흥원.

91 최정혜 외. (2020). 『게임은 게임이다』, "게임하는 아이 마음 들여다보기", 한국콘텐츠진흥원.

92 정재엽, 박형성, 안세희. (2020). 게임 리터러시 교육방안 연구, 경기도교육연구원.

93 김상균. (2017). 『교육, 게임처럼 즐겨라』, 홍릉과학출판사.

94 한미유치원 디지털 놀이터 https://www.hanmiu.cc/?page=playground

95 미첼 레스닉. (2018). 『평생유치원』, 최두환 역, 다산사이언스. 258쪽.

96 Papert, S. A. (1980). Mindstorms: Children, Computers, And Powerful Ideas. Basic Books. 2020년에 한국 번역본이 재발간 되었음

97 시모어 패퍼트. (2020). 『마인드스톰』, 이현경 역, 인사이트. (미주_패퍼트, 『마인드스톰』, 147-148쪽)

98 미첼 레스닉. (2018). 『평생유치원』, 최두환 역, 다산사이언스. 223-224쪽

자녀와 함께하는
메타버스 여행

1판 1쇄 | 2022년 10월 17일

지은이 | 김수환
펴낸이 | 박상란
펴낸곳 | 피톤치드

디자인 | 김다은 교정 | 강지희
경영·마케팅 | 박병기
출판등록 | 제 387-2013-000029호
등록번호 | 130-92-85998
주소 | 경기도 부천시 길주로 262 이안더클래식 133호
전화 | 070-7362-3488
팩스 | 0303-3449-0319
이메일 | phytonbook@naver.com

ISBN | 979-11-92549-06-4 (03320)